酒店
管理实操
从新手到高手

罗　芳◎编著

中国铁道出版社有限公司
CHINA RAILWAY PUBLISHING HOUSE CO., LTD.

北　京

图书在版编目（CIP）数据

酒店管理实操从新手到高手 / 罗芳编著. — 北京：
中国铁道出版社有限公司，2023.7（2025.4重印）
ISBN 978-7-113-30192-7

Ⅰ.①酒… Ⅱ.①罗… Ⅲ.①饭店-商业企业管理-
基本知识 Ⅳ.①F719.2

中国国家版本馆CIP数据核字（2023）第080068号

书　　名：**酒店管理实操从新手到高手**
　　　　　JIUDIAN GUANLI SHICAO CONG XINSHOU DAO GAOSHOU
作　　者：罗　芳

责任编辑：郭景思　　　　编辑部电话：（010）51873038　　　　电子邮箱：guojingsi@sina.cn
封面设计：宿　萌
责任校对：刘　畅
责任印制：赵星辰

出版发行：中国铁道出版社有限公司（100054，北京市西城区右安门西街 8 号）
印　　刷：河北京平诚乾印刷有限公司
版　　次：2023 年 7 月第 1 版　2025 年 4 月第 2 次印刷
开　　本：710 mm×1 000 mm 1/16　印张：16　字数：283 千
书　　号：ISBN 978-7-113-30192-7
定　　价：69.80 元

在市场经济高速发展的今天，酒店服务业也在不断发展壮大，它除了可以为跨地区旅游的人们提供食宿服务，也为跨地区出差的职场人士提供暂居之所。

由于酒店经营过程中会为形形色色的客人提供食宿服务，在如此人员嘈杂的环境下，酒店经营管理工作就显得比较繁杂、困难。一方面要保证宾客在酒店经营范围内的人身和财产安全，另一方面也要保证酒店财产安全；此外，在做好日常经营管理工作的同时，还要想方设法提高宾客的住店体验，提升酒店服务的质量水平。

由此可见，酒店管理工作绝非易事。而且，酒店在管理"人"的方面，不仅要服务宾客，还要管理自己的员工。只有管理好员工，保证酒店能切实地为宾客提供优质的服务和产品，才能得到宾客的认可，酒店才有继续发展的空间。

那么，酒店管理工作究竟涉及哪些方面？如何做好人员管理？如何保证宾客的饮食卫生安全？如何更高效地处理服务中遇到的问题？酒店的财务管理工作怎么做？为了帮助读者了解清楚这些问题的答案，编者编著了本书，从可操作性入手提高读者对酒店管理工作的认知。

本书共 8 章，可大致划分为三部分。

◆ 第一部分为第 1 章，这部分主要介绍酒店管理的基础知识，如酒店组织系统建设、规章制度的制定以及经营资质的准备。

◆ 第二部分为第 2 ~ 7 章，这部分具体介绍了酒店管理工作的方方面面，涉及前台与大厅接待服务管理、客房管理、餐饮服务与卫生管理、设备物资与消防安全管理、营销活动管理、财务管理以及人力资源管理等。

◆ 第三部分为第 8 章，这部分主要介绍酒店经营数据信息和网络安全管理的相关内容，进一步提高酒店安全管理工作的质量。

本书内容丰富，且书中配以大量的实用范本，读者可随取随用。另外，在每一章最后还添加了【工作梳理与指导】版块，包括"按图索骥""答疑解惑"和"实用模板"，分别对酒店管理工作的各个方面的具体工作及流程进行梳理，对工作中存在的问题进行答疑，同时将酒店管理工作中可能用到的一些制度、表单以实用模板的形式提供，尽可能地为读者提供更多的模板资料。

书中涉及的实用范本与模块 PC 端下载地址及移动二维码：

http://www.m.crphdm.com/2023/0516/14602.shtml

由于编者经验有限，书中难免会有疏漏和不足之处，恳请专家和读者不吝赐教。

编 者

2023 年 5 月

目录

第 1 章　酒店管理要有完善的组织机构

第2章 前台与大厅接待塑造好的初印象

第3章　酒店客房管理感受宾至如归

第 4 章　餐饮服务与卫生管理提升用餐幸福感

【工作梳理与指导】

第 5 章　设备物资与消防安全管理不可忽视

第6章　酒店营销管理促发展

第7章 财务与人力资源管理让运营有条不紊

第 8 章　数据信息与网络安全管理要谨慎

第1章

酒店管理要有完善的组织机构

作为一家从事经营服务的酒店，要想做好管理工作，首先就需要有自己完善的组织机构。有了组织机构，才能协调各种关系，有效运用每个组织成员的才智，充分发挥组织系统的力量，达成经营管理目标。

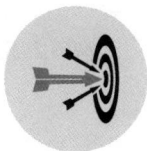

1.1 酒店的组织系统建设

组织系统是相互关联的个体组成的集合，企业组织系统解决的是人的问题，是企业内部的问题，如人力资源管理、薪酬管理。而酒店作为一家企业，建立组织系统是必然之举，以使酒店井然有序地开展经营管理工作。

1.1.1 不同规模的酒店组织架构

不同规模的酒店，其组织架构的复杂程度不同。

（1）大型酒店的组织架构

大型酒店的规模较大，分工细致且部门较多。酒店总经理之下可能还会根据负责工作范围的不同，设置各种副总经理，如业务副总经理、后勤副总经理。而这些副总经理之下就是分管各个部门，如大堂前厅、客房部、餐饮部、娱乐部、营销部、工程部、保卫部、财务部和行政人事部。然后，还会在各个部门内部按照工作内容的不同分设不同的小组。如图 1-1 所示为某大型酒店组织架构的简单示意图。

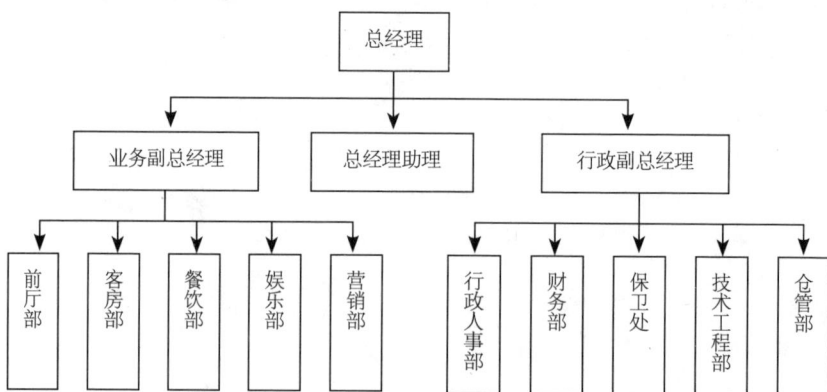

图 1-1 大型酒店组织架构

各部门中的架构设计，根据酒店自身业务需求和管理要求确定。比如前厅部，可以包括大厅服务处、前台和接待处等；客房部可划分客房服务中心、房务组、管家组和洗涤组等；餐饮部可划分宴会组、客房订餐组、茶坊、吧台、餐厅以及后厨等；技术工程部可划分设备运行及维修组、网络安全管理组和电路组等；行政人事部可划分为人事组、后勤保障组和行政事务组等。

（2）中小型酒店的组织架构

中型或者小型酒店的总经理下方可能就不会再另设副总经理，而是直接由总经理统管所有部门。并且部门的设置也会相对少一些，如图1-2所示为某中型酒店组织架构示意图。

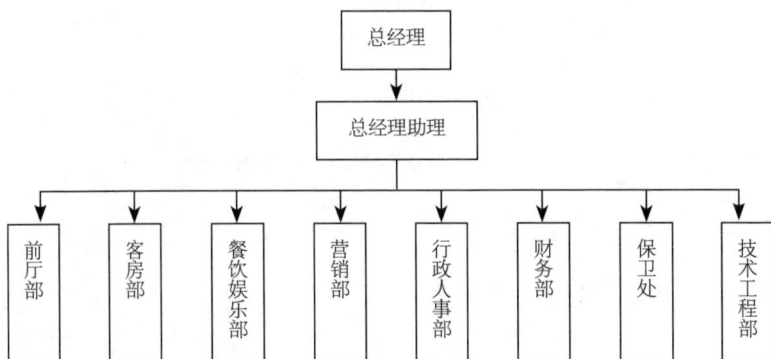

图1-2 中型酒店组织架构

在中型酒店的组织架构中，酒店的设备及各种财物通常由财务部负责统一保管、分配使用。

而对于小型酒店，可能将不会单独设置营销部，只需在行政部门指派专人负责酒店服务产品的营销。甚至有些小型酒店也不会设单独的技术工程部，直接将负责酒店水电、设施设备检修等工作的员工安排在保卫处，进一步简化部门。酒店规模越小，各岗位的人员配置就会越少。

1.1.2　不同类型酒店的管理侧重点

市场中，常见的酒店有如下一些类型，各自管理的侧重点也存在差异。

（1）度假型酒店

从名称就可以看出，度假型酒店主要是为宾客旅游、休假、开会和疗养等提供食宿和娱乐活动的一种酒店类型，一般建在风景优美的地方。

度假型酒店具有地方性、灵活性和多样性的特点。根据其经营特点，度假型酒店的管理重点在于娱乐、舒适、多元以及淡旺季业绩水平的平衡。其经营的十条原则如下：

①处于优雅的自然环境中；

②齐全而不断推陈出新的娱乐和美食项目；

③轻松而有文化品位的酒店氛围；

④富有度假特色、能给人留下深刻印象的服务；

⑤尽可能多地举办度假主题活动；

⑥广告宣传要风格独特；

⑦有良好的媒体关系；

⑧重视品牌的塑造和形象的宣传，具备高质量的公关策划；

⑨善于利用名人效应；

⑩灵活运用价格杠杆平衡淡旺季的业绩水平。

（2）商务型酒店

商务型酒店是以商务客人为主的酒店，其地理位置、酒店设施、服务项目和价格等方面都以商务为出发点，尽可能地为商务客人提供便利。

商务型酒店具有不受淡旺季影响、便利等特点，所以，这种类型的酒店其管理重点在于便利、设施设备齐全、服务功能完善以及各方面事务处理的专业与高效等，甚至有些酒店还会特别配置可以召开会议的会议室或会议厅。

所以，商务型酒店从地理位置来看，一般处在市中心，或者是商业比较繁华的地段。另外，在价格上，商务型酒店的价格一般较高，因为在住宿、通信和交通等方面都有很强的便利性，设施设备的配备质量上档次也更高。

（3）会议型酒店

会议型酒店主要是接待会议、能够独立举办会议的酒店。这类酒店与商务型酒店相比，更注重会议服务。它既具有酒店的特色，又有会务的特色。

因此，会议型酒店的管理重点在于提供会议服务，包括服务本身、安保、会场设备设施、A/V 系统的服务、礼仪和会务信息的传递等。会议型酒店还有一大特点是软件建设的复杂性，主要体现在以下五个方面：

①要妥善设置会议接待机构；

②电子商务和新技术的应用；

③制订合理的价格体系；

④多种经营和全面服务；

⑤酒店的管理人员要了解会议情况。

（4）经济型酒店

经济型酒店又被称为有限服务酒店，其最大的特点就是房价便宜，服务模式基本上都是"B&B"，即"住宿 + 早餐"。我国经济型酒店的特点是：以大众旅行者和中小商务者为主要服务对象，以客房为唯一或核心产品，价格低、服务标准、环境舒适、硬件上乘、性价比高，而且投入低、回报高、周期短。

所以，经济型酒店的管理重点在于客房服务、安全、环境卫生、方便快捷，以及成本效益，也就是要保证小负担、快回报。由此形成了经济型酒店的管理特点，内容如下所示：

①市政配套、社会化程度高，电力、热力专业维修由社会来配套，无需具备庞大的工程维修部；

②社会治安好，无须设置 24 小时人工值班的保安部；

③只提供早餐，且由供应商直接提供，无须设置餐饮部。有经济实力的经济型酒店会自设餐厅；

④隶属于大型酒店连锁集团，由集团总部提供强大的技术支持，包括人力资源、市场营销、工程维修、质量检查和行业咨询等。

（5）公寓式酒店

公寓式酒店是指设置于酒店内部，以公寓形式存在的酒店套房系统。这类酒店有两大显著特点：一是类似于公寓，有居家格局和良好的居住功能，有客厅、卧室、厨房和卫生间；二是配有全套家具与家电，能为宾客提供酒店的专业服务，如室内打扫、床单更换和一些商务服务。它既有公寓的私密性和居住氛围，也有高档酒店的良好环境和专业服务。

酒店式公寓的管理特点为"酒店式的服务，公寓式的管理"，换句话说，就是酒店里的客房户型及配套设施等与公寓相似，但服务和管理模式为酒店管理模式。因此，这类酒店的管理重点在于服务的专业性，管理的私人化、自由性，以及环境卫生和设施设备的齐全性。

星级不同的公寓式酒店，其提供服务周到程度也有差别。另外，公寓式酒店要与酒店式公寓进行区分。

知识扩展 **公寓式酒店与酒店式公寓**

公寓式酒店与酒店式公寓都是提供类似居家格局和酒店式服务。但是，公寓式酒店一般是指按公寓式分隔出酒店的客房，其产权由酒店经营者所有，经营与管理模式与一般酒店没有太大差异。而酒店式公寓则是由开发商将酒店的每套客房分割成独立的产权出售给买主，并聘请专业的酒店管理公司负责经营管理，买主拥有产权，可以自住、出租或转售。

通常，在相同档次的房型和设施的基础上做对比，酒店式公寓的租金一般较一般酒店便宜，而公寓式酒店与一般酒店无异。换句话说，酒店式公寓的租金一般比公寓式酒店的价格便宜。

（6）个性化主题酒店

个性化主题酒店是以某一特定的主题来体现酒店的建筑风格和装饰艺术，以及特定的文化氛围，让宾客获得富有个性的文化感受，同时将服务项目融入主题，以个性化的服务取代一般化服务，让宾客获得欢乐、知识和刺激的一类酒店。历史、文化、城市、自然、神话和童话故事等都可成为这类酒店借以发挥的主题，且设计装饰大胆，手法新奇。

个性化主题酒店的管理重点除了有一般酒店的安全、卫生、服务和功能完善之外，还必须将服务与环境的个性化以及主题的延伸作为管理重点。

个性化主题酒店要具备独特性、文化性和体验性，要有鲜明的主题文化和主题元素。所以，这类酒店在运营上主要包括四部分：客房、餐饮、服务和衍生品。

客房。客房可以分女士房、男士房、情侣房、老人房和会议房等，很显然，不同类型的客房其内部设计主题是不同的。

餐饮。餐饮方面也可设计开发"主题宴"，包括不同的菜系、菜单和餐饮环境氛围等。

服务。主题酒店的服务个性化主要体现在"软件"方面，包括服务员的服装装饰和服务用语等。

衍生品。衍生品的运营可以说是主题酒店的明显特点，不仅能增强主题酒店的"主题性"，还能促进主题酒店的对外宣传，提高营收。比如当地特产、非物质文化遗产作品等。

综上，无论是哪种类型的酒店，管理重点中都要包括安全、卫生，因为这是关系到宾客人身和财产安全的重要因素。

1.1.3 酒店的星级管理

按照酒店的建筑设备、规模、服务质量以及管理水平，酒店的星级管理逐渐形成了比较统一的等级标准。市场中，旅游酒店评星级的比较多，且通行的等级划分主要有五等，即五星、四星、三星、二星和一星酒店。

在酒店评星时，更看重舒适度，尤其是客房舒适度，其分值比重最大，接近 30% 左右。而对客房舒适度的评价主要包括房间的温度和湿度、枕头以及床垫质量等。比如，因为每个人对枕头软硬、大小和厚薄的要求都不同，五星级酒店至少要有三种枕头供宾客选择。

根据《中华人民共和国星级酒店评定标准》的规定，星级以镀金五角星为符号，用一颗五角星表示一星级，两颗五角星表示二星级，三颗五角星表示三星级，四颗五角星表示四星级，五颗五角星表示五星级，五颗白金五角星表示白金五星级。星级越高，表示旅游饭店的档次越高。

那么，各星级酒店在建筑设备、规模、服务质量和管理水平等方面，究竟有怎样的不同呢？见表 1-1。

表 1-1　不同星级酒店的规格情况

星　级	规格描述
五星级	这是酒店的最高等级,设备豪华、设施更完善,服务设施也齐全,集社交、会议、娱乐、购物、消遣和保健于一体,各方面的质量水平都拔尖
四星级	设备豪华,综合服务设施完善,服务项目多,服务质量优良,室内环境具备艺术性,宾客可以同时得到高级的物质享受和很好的精神享受
三星级	设备齐全,除了有基本的食宿服务外,还有会议室、游艺厅、酒吧间、咖啡厅和美容室等综合服务设施。这类中等水平的酒店在国际上很受欢迎,数量也较多
二星级	设备一般,除了有基本的客房和餐厅外,还有卖品部、邮电和理发等综合服务设施,服务质量较好,属于一般旅行标准
一星级	设备简单,具备食宿两个功能,能满足宾客最简单的旅行需求

目前,酒店使用星级的有效期限为五年,取消了星级终身制,增加了预备星级,即酒店开业一年后可申请星级,经星级评定机构评定批复后,可以享有五年有效的星级及其标志使用权,而开业不足一年的酒店可以申请预备星级,有效期一年。

在评定标准内,还规定了评定星级的原则,主要有三项内容:

①酒店所取得的星级表明该酒店所有建筑物、设施设备及服务项目均处于同一水准。如果酒店由若干座不同建筑水平或设施设备标准的建筑物组成,酒店星级评定机构应按每座建筑物的实际标准评定星级,评定星级后,不同星级的建筑物不能继续使用相同的酒店名称。否则,酒店星级评定机构应不予批复或收回星级标志和证书;

②酒店取得星级后,因改造发生建筑规格、设施设备和服务项目的变化,关闭或取消原有设施设备、服务功能或项目,导致达不到原星级标准的,必须向原酒店星级评定机构申报,接受复核或重新评定。否则,原酒店星级评定机构应收回该酒店的星级证书和标志;

③某些特色突出或极其个性化的酒店，若自身条件与本标准规定的条件有所区别，可以直接向全国酒店星级评定机构申请星级。全国酒店星级评定机构应在接到申请后一个月内安排评定检查，根据检查和评审结果给予评定星级的批复，并授予相应星级的证书和标志。

1.1.4　酒店计划管理系统的组建

酒店计划管理系统是指酒店通过周密、科学的调查研究、分析预测和决策，在此基础上确定未来某一时期内酒店的发展目标，并规定实现目标的途径、方法和一系列管理活动的统称。

计划管理对酒店的经营业务活动具有指导、规范和控制作用，科学的计划管理是保证酒店实现科学管理的必要条件。要组建酒店计划管理系统，就必须明确酒店计划管理的四个基本内容。

◆ 预测市场和社会要求的变化

对酒店经营来说，市场需求及其变化趋势的分析、预测是中心内容，是酒店制订发展计划的直接和主要根据，同时也是提高计划工作水平和经济效益的重要保证。比如市场中宾客倾向于怎样的住店体验？是舒适，还是个性化？同星级的酒店其价格水平是在下降还是在上升？

◆ 确定计划目标和经营政策

计划目标是酒店管理最终应达到的状态，经营政策是管理过程中的战略性和策略性规定。计划目标决定了酒店各种管理活动的内容，也决定了酒店管理方式的选择和管理人员的挑选；经营政策则决定了酒店管理过程的发展轨道。两者是酒店实现计划目标的保证。

◆ 设计和选择经营方案

酒店管理计划必须具有可行性，因此需要设计和选择合适的经营方案，以便更有效地实现计划管理目标。

◆ 设计计划管理系统要目的明确

酒店制订计划并实行计划管理，要立足于提高管理工作预见性、减少经营风险和提高经济效益的目的之上。然后通过酒店经营管理活动效益的高低来判断计划管理水平的高低。

酒店的计划管理系统可用书面文件来体现并做出相关规定，指导运行。

实用范本 **酒店的计划管理系统**

酒店计划是酒店管理的重要职能，是在酒店管理活动中针对未来预先决定要做什么、如何去做以及谁去做的过程。计划的质量直接影响酒店管理的效果。

一、酒店计划体系

酒店计划种类较多，用途各异，为了便于管理各类计划的制订和执行，并使计划真正起到指导作用，酒店要按时间、内容的不同制订一系列的计划。并以这些计划组成一个统一的酒店计划体系，使酒店能够有效地执行计划管理职能。酒店计划体系实际上是指酒店一些重要计划的总和，一般由长期计划、年度综合计划和接待业务计划组成。

酒店的长期计划使经营目标具体化，是酒店在较长时间内设备、服务、经济、人员方面建设发展的长远性、纲领性计划，编制长期计划是酒店高层管理人员的重要工作之一。主要有酒店总体目标、酒店建设与投资目标、酒店管理体制目标、酒店规模目标、职工培训目标、生活福利目标等。

年度综合计划是具体规定了全年度和年度内各时期酒店在各方面的目标和任务的计划。年度综合计划是酒店最重要的计划，因为它的内容最为广泛，综合了酒店的主要经营活动，是综合性、指导性的计划。

年度综合计划有两个基本组成部分：第一部分是酒店综合部分，它着重提出全酒店本年度的目标和任务，并对指标的分解和分配做出概括的说明。这些指标包括经济效益指标、经营管理指标和发展后劲指标；第二部分是组成酒店综合计划的部门分类计划，它提出了各部门为达到酒店目标而各自在本业务范围内执行的目标和任务。部门分类计划主要有：前厅接待计划、客房部计划、餐饮部计划、商场部计划、劳动工资计划、财务计划、物资供应计划、设备建设和维修计划和职工培训计划等。

接待业务计划是酒店年度综合接待计划在短时间内（一般一个月）的具体执行计划，因而内容更为具体，多数是在客源或任务既定的情况下执行的作业计划，内容为对具体业务项目的操作及应达到的标准，包括员工工作时间安排、员工分工和工作要求等。

二、酒店的计划指标

酒店计划指标是指酒店在计划期内用数字表示的经营、接待和供应等方面要达到的目标和水平。酒店的计划指标按其性质可分为两大类：质量指标和数量指标。质量指标是用来表示计划期间，酒店的人力、物力和财力的利用，以及在接待服务活动中工作质量和服务质量应达到的水平，通常用相对数（百分比）来表示，如酒店的客房出租率、毛利率、利润率和劳动生产率；数量指标表示计划期间酒店在经营管理活动中应达到的数量要求，通常用绝对数来表示，如利润、销售额和接待人数。一般来说，酒店的主要计划指标有：客房（床位）数、客房出租率、接待人数、营业额（营业收入）、酒店成本、利润和税金、人均消费额、劳动生产率、设备完好率、能源消耗、基建改造投资额等。

三、酒店计划的编制步骤

…………

1.1.5　建立酒店管理系统

酒店管理系统是指一种可以提高酒店管理效率的软件或平台，通常包含前台接待、前台收银、客房管家、销售终端（POS）、餐饮管理、娱乐管理、公馆销售、财务查询、电话计费、系统维护、经理查询和工程维修等功能模块。

这一管理系统涵盖了酒店管理工作的方方面面，属于统驭性的管理系统。它具备以下显著的特点：

①管理系统中的所有资源、功能交由用户（酒店工作人员）管理，权

限控制到按钮，针对不同的用户，组装不同的界面，分配不同的使用功能，也可同时将权限也加到按钮，实现资源完全开放；

②系统突出以营销、预订、房源和房价等对营销具有影响力的信息处理；

③强化以客源为中心的信息完整性、长久性、可操作性，建立以客户档案为中心的用户信息管理系统；

④使用数据穿透查询技术，对数据进行多元、多层次的查询，从汇总数据到明细数据，建立紧密联系，同时灵活运用；

⑤客户档案、角色、佣金、房价方案、授权折扣、操作权限到按钮；

⑥如果是酒店集团管理系统，则可以采集各成员酒店的原始数据，对采集到的数据进行分类、汇总和分析等处理，形成管理决策所需的数据信息，同时产生各种分析报表；

⑦界面美观大方、操作方便；

⑧系统稳定，适应性强，操作灵活。

表1-2是对酒店管理系统中的一些分系统的功能的简述。

表1-2　酒店管理系统的分系统的功能

分系统	功　能
电话管理系统	电话实时接收并录入系统，话单分类统计管理，电话反控，电话自动开/关等
房卡管理系统	房卡注册、房卡开卡、房卡销卡以及房卡挂失等
餐厅管理系统	预订、开桌、点菜收银、厨房打印、无线点菜、微信点菜、报表中心、迎宾、库存进销存管理、销售排行以及成本核算等
娱乐管理系统	预订、开台、点单收银、技术管理、营业统计、酒水管理以及场所设置等
酒吧管理系统	迎宾接待、点单收银、IC卡（智能卡）管理、酒水进销存管理和系统设置等

续上表

分系统	功　能
洗浴管理系统	开牌、点单收银、统计查询、会员管理、技师提成、销售排行以及项目设置等
会员管理系统	会员开通、会员账号、会员账款和会员消费等管理，以及与会员相关的一系列报表管理
库存管理系统	入库、出库、明细记录、总账记录、盘存、分仓管理、查询统计以及报表生成等
工程管理系统	设备台账、设备保养、工程报修、工程接单、在线维护、实时销单以及工作量统计等
人事工资管理系统	员工信息、奖惩处理、培训、工资发放、查询统计和报表等

1.2　规章制度的制定

规章制度是用人单位制定的组织劳动过程和进行劳动管理的规则和制度的总和。它的内容比较广泛，包括了用人单位经营管理的各个方面，酒店也一样。

酒店制定规章制度，是规范运行的重要方式之一，可使酒店经营有序，增强其竞争实力。

1.2.1　酒店管理总制度的制定

酒店管理制度是用文字形式对酒店各项管理工作和服务活动做出的规定，是加强酒店管理的基础，是全体员工的行为准则，是酒店进行有效经营活动必不可少的规范。而酒店管理总制度则包括了酒店经营过程中的各方面工作和活动的详细规定，相当于起到一个总规范的作用。

制度的有效实施必须要有组织保证，如法纪和制度教育、优秀的企业文化、严格公正的考核和奖惩以及员工基础素质的具备和素质的塑造。

各酒店可以根据自身发展需求、经营规模等制定合适的酒店管理总制度或办法。但无论如何变化，都要在遵守国家法律、法规的基础上制定。

实用范本 酒店管理办法

第一章 人事管理

第一条 酒店的组织机构设置由酒店自行制订，报董事长审批后实施。

第二条 酒店的薪资结构体系由酒店参照行业薪酬水平制订，经酒店人力资源中心审核，报公司董事长审批后实施。

第三条 酒店定岗定编及员工入职条件由酒店自行制订，经酒店人力资源中心审核，报董事长审批后实施。

第四条 酒店总经理助理级以上（含总经理助理）领导班子成员的入职、任免、工资核定及变更、解聘须报公司董事会审批后实施。

第五条 酒店各部门总监入职、任免、工资核定及变更、解聘须报公司董事会审批后实施。

第六条 酒店各部门副总监级以下（含副总监）员工的入职、任免、工资核定及变更、奖惩、解聘由酒店自行审批后执行。不符合入职条件人员的入职及提拔晋升，须报董事长审批。

第七条 酒店各部门的人事调动须报董事长审批。

第八条 凡在酒店系统被辞退、开除以及自行离职的人员，酒店一律不得录用，特殊情况须报董事长审批。

第九条 酒店须及时与员工签订劳动合同，其合同版本须经董事长审定后方可使用。

第十条 酒店须按照公司相关规定由专人负责管理人事档案及编制花名册，并于每月28日前将花名册报酒店人事部备案。

第二章 办公用品管理

第十一条 办公用品的范围。

1.按期发放类：稿纸本、笔类、记事本、胶水、曲别针、大头针和订书钉等。

2.按需计划类：打印机碳粉、墨盒、文件夹、档案袋、印台、印台油、订书器、电池、计算器、复写纸、软盘和支票夹等。

3.集中管理使用类：办公设备耗材。

第十二条　办公用品的采购。

根据各部门的申请，库房结合办公用品的使用情况，由保管员提出申购单，交主管会计审核，交总经理批准。

第十三条　办公用品得发放。

1.员工入职时每人发放圆珠笔1支，笔芯以旧换新。

2.每个部门每月发放2本原稿纸。

3.部门负责人每人半年发放1本记事本，员工3个月发放1本记事本。

4.胶水与订书钉、曲别针和大头针等按需领用，不得浪费。

5.办公用打印纸、墨盒和碳粉等需节约使用，按需领用。

第三章　员工宿舍管理

…………

1.2.2　建立各部门的管理制度

酒店管理涉及的事务很多，而总制度虽然包括的范围很广，但是具体的规定可能还不够详细。为了切实抓好酒店内部各部门的工作，需要针对各部门的管理要求，制定相应的管理制度。

（1）酒店前厅部的管理

酒店的前厅部包括前台、大厅和咨询台等工作区域，是酒店经营的门面，因此更要注重管理，尤其是形象管理。制定相应的制度对员工的行为进行约束，可有效提高酒店形象，吸引宾客住宿消费。

实用范本 酒店前厅部管理制度

为配合前厅各项工作的顺利进行,规范员工的工作行为,特制定此制度。

一、严格遵守前厅部的规章制度

1. 诚实是员工必须遵守的道德规范,以诚实的态度对待工作是每位同事必须遵守的行为准则。

2. 同事之间团结协作、互相尊重、互相谅解是搞好一切工作的基础。

3. 以工作为重,按时、按质、按量完成工作任务是每位同事应尽的职责。

4. 严格遵守酒店规章制度,严格遵守国家法律、法规。

二、前厅部考勤管理

1. 按时上下班签到、签离,做到不迟到,不早退。

2. 事假必须提前一天通知部门,说明原因,经部门批准后方可休假。

3. 病假须持医务室或医院证明,经批准后方可休假。

4. 严禁私自换班,换班必须有申请人、换班人、经理签字批准。

5. 严禁代人签到、请假。

三、前厅部仪容仪表规定

1. 注重个人仪表,上岗前必须化淡妆(女),不留长指甲,不涂指甲油,不佩戴首饰(婚戒除外);必须使用普通话。

2. 上班必须按酒店规定统一着装,佩戴工号牌,工服必须干净、整齐。

3. 不在工作场所化妆、梳头或挖鼻孔、剪指甲等不雅行为。

4. 酒店要求保持个人仪容仪表,站、立、行姿势要端正、得体。

5. 严禁私自穿着或携带工服外出酒店。

四、前厅部奖惩处理

…………

从前述范本内容来看,前厅部的管理制度内容包括但不限于前厅部的考勤管理、前厅部工作人员仪容仪表规定以及工作奖惩处理等。

而针对前厅部管辖的前台,由于工作内容多且杂,还会涉及其他比较细微的工作规范或管理制度，这里就不再一一举例。

（2）客房部管理制度

酒店客房部可以说是酒店的主营场所，也是销售服务最集中的地方。服务的好坏，直接关系着宾客对酒店整体印象的好坏，同时还会影响宾客对酒店服务的回购率。

因此，客房部的管理工作也不能马虎，非常有必要制定专门的管理制度对工作进行规范管理。

实用范本 **酒店客房管理制度**

为配合客房各项工作的顺利进行，规范员工的工作行为，特制定此制度。

一、严格遵守客房部管理制度

（一）自觉遵守店规店纪，要讲文明，讲礼貌，讲道德，讲纪律。要积极进取，爱岗敬业，善于学习，掌握技能。

（二）要着工装、工牌上岗服务，要仪表端庄，举止大方，规范用语，文明服务，礼貌待客，主动热情。

（三）客房服务员，每天要按程序，按规定和要求清理房间卫生，要认真细致；要管理好房间的物品，发现问题及时报告。

（四）不得随意领外人到房间逗留或留宿，未经领导同意不准私开房间，为他人提供住宿、休息及娱乐等。

（五）检查清理客房时，不得乱动和私拿客人的东西，不准向学员和客人索要物品和接收礼品；拾到遗失的物品要交公。

（六）不准他人随意进入前台；前台电脑要专人管理与操作，不准无关人员私自操作；打字、复印和收发传真，要按规定收费。

（七）工作时间不准离岗，有事向领导请假，不准私自换班和替班，不准打扑克、织毛衣、看电视及做与工作无关的事情。

（八）认真做好安全防范工作，特别是做好防火防盗工作，要勤检查，发现问题要及时报告和处理。

二、客房卫生管理

…………

三、客房部考勤制度

…………

四、客房部仪容仪表规定

…………

同样，从范本内容来看，客房部管理制度的内容包括但不限于客房卫生管理、客房考勤管理和客房部员工仪容仪表规定等。大型酒店由于员工人数较多，也会针对客房部的不同管理细节制定详细的管理办法。

（3）餐饮部管理制度

酒店餐饮部是除客房部以外，又一酒店主要经营场所。要说客房部为宾客提供住宿，则餐饮部就是为宾客提供饮食。两者的结合就为宾客提供了食宿服务。这两项服务也是所有酒店需要具备的基本服务项目。

由此可见，餐饮部的工作管理也是非常重要的，也需要制定专门的部门管理制度来对具体的工作行为进行规范和约束。

实用范本 酒店餐饮部经管制度

第一章 餐饮部各岗位职责

一、餐饮部经理岗位职责

…………

第二章 中餐宴会服务程序

一、准备工作

1.检查：餐具应清洁无污染，餐巾、席巾无洞、无污迹，台椅摆放整齐统一。

2.了解宴会通知单：根据宴会通知单了解宴会情况，做好准备。

3.备料：客到前15分钟，上好冷菜，10分钟斟上甜酒。

二、迎接客人

1.站在厅房门口迎接客人。

2.客人到时笑脸相迎，使用敬语。根据当时时间向客人问好：如早上好／下午好／晚上好，先生／小姐，欢迎光临！

三、入座

服务员应协助客人入座并为客人接挂衣帽；客人入座时，将椅子向后微拉，入座后，将椅子推回至原来位置。

四、上毛巾

服务员从客人右侧递上小毛巾。

五、斟茶

1.按客人选择的茶叶冲茶，从客人右侧为客人斟倒茶水，并说：先生／小姐，请用茶。

2.茶水斟倒 4/5 杯即可。

第三章 自助餐宴会服务程序

一、准备工作

开餐前半小时将一切准备工作做好，自助餐台的食品要上齐并加热，餐厅门打开，领位员站在门口迎接客人，服务员站在桌旁面向门口位置。

二、迎接客人

客人进入后主动与客人打招呼，并向客人问好，为客人搬开座椅，客人坐下后从右侧为客人铺口布。

三、服务饮料

询问客人需用什么饮料，然后从右侧倒入杯里。

四、开餐服务

1.询问开始用餐后，服务员要随时将客人用过的空餐具撤下。

2.随时为客人添加饮料，更换烟缸。

3.客人吃甜食时,要将主刀、主叉、汤勺、面包刀和面包盘等餐具撤下来。

4.保持食品台的整洁,随时添加各种餐具和食品。

五、服务咖啡和茶

1.客人开始吃甜食时,服务咖啡和茶。

2.先将糖盅、奶罐准备好,摆在桌上。

3.询问客人用咖啡还是用茶,然后接新鲜的热咖啡或茶为客人服务。

六、送客

宴会结束时,要为客人把椅子搬开,然后站在桌旁礼貌地目送客人离开。

第四章 西餐服务程序

············

从上述范本可知,酒店餐饮部的管理规定是比较复杂的,包括但不限于餐饮部各岗位职责、中餐宴会服务程序、自助餐宴会服务程序和西餐服务程序等。酒店可根据自身经营规模和管理需要,增加酒吧咖啡厅服务程序、接受客人用餐预订、送餐服务程序、餐前检查规定、中餐派菜服务程序、香烟服务程序、甜食服务程序、客人投诉处理及结账程序等方面的管理规定。

其他还有财务、人事、仓管和安保等部门,也都可以制定专门的本部门管理制度,以规范工作行为。尤其是安保部门,安保工作全面、严格的酒店,能切实保障宾客的人身和财产安全,宾客入住酒店也能更安心。

1.3 酒店经营需要的资质

经营一家酒店,必然需要符合相应的资质才能顺利开展经营活动。而大众都比较熟悉的一些资质包括营业执照、食品经营许可、卫生许可、餐饮服务经营许可、消防安全合格、特种行业经营许可以及环境影响评价资质等,这些资质分别对应相应的证照,需要按我国法律、法规的规定办理。

不同规模、星级的酒店，其经营需要的资质不同，很显然，星级越高、规模越大的酒店，经营所需的资质会越多，要求更严格。下面就对酒店经营需要的比较常规的资质进行简单介绍。

◆ 消防安全合格鉴定书

发证机关：消防部门。

法律法规名称及相关规定：《中华人民共和国消防法》第十五条，公众聚集场所在投入使用、营业前，建设单位或者使用单位应当向场所所在地的县级以上地方人民政府公安机关消防机构申请消防安全检查……公众聚集场所未经消防救援机构许可的，不得投入使用、营业。

◆ 旅馆业特种行业许可证

发证机关：县级以上地方人民政府公安机关。

法律法规名称及相关规定：国务院对确需保留的行政审批项目设定行政许可的决定（国务院令第 412 号）第 36 项，旅馆业特种行业许可证核发。

◆ 环保"三同时"审批

发证机关：环保局。

法律法规名称及相关规定：《中华人民共和国环境保护法》第四十一条，建设项目中防治污染的设施，应当与主体工程同时设计、同时施工、同时投产使用。防治污染的设施应当符合经批准的环境影响评价文件的要求，不得擅自拆除或者闲置。

说明：酒店开业前，环保局要进行环保验收，以确保酒店环保设施全部到位。

◆ 公共场所卫生许可证

发证机关：卫生局。

法律法规名称及相关规定：《公共场所卫生管理条例实施细则》第二十二条，国家对公共场所实行卫生许可证管理。公共场所经营者应当按照规定向县级以上地方人民政府卫生行政部门申请卫生许可证。未取得卫生许可证的，不得营业。

说明：如果酒店有住宿、游泳池、洗浴中心和公共文化娱乐场所，则酒店每一个经营场所均需要一个《公共场所卫生许可证》。

◆ 餐饮服务许可证和食品流通许可证

发证机关：食品药品监管部门。

法律法规名称及相关规定：《中华人民共和国食品安全法》第三十五条，国家对食品生产经营实行许可制度。从事食品生产、食品销售、餐饮服务，应当依法取得许可。但是，销售食用农产品和仅销售预包装食品的，不需要取得许可。仅销售预包装食品的，应当报所在地县级以上地方人民政府食品安全监督管理部门备案。

◆ 娱乐经营许可证

发证机关：文化主管部门。

法律法规名称及相关规定：《中华人民共和国娱乐场所管理条例》第九条，娱乐场所申请从事娱乐场所经营活动，应当向所在地县级人民政府文化主管部门提出申请；中外合资经营、中外合作经营的娱乐场所申请从事娱乐场所经营活动，应当向所在地省、自治区、直辖市人民政府文化主管部门提出申请。

说明：酒店开设娱乐场所才需要该资质，未开设娱乐场所则不需要。

工作梳理与指导

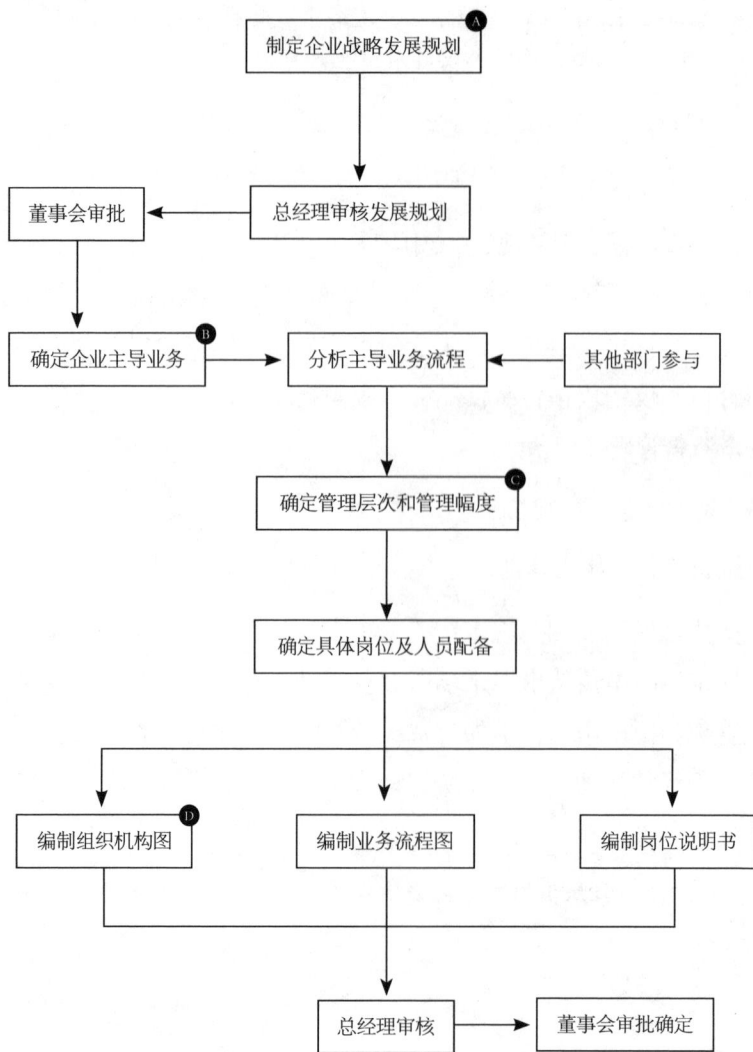

```
                    ┌──────────────────────┐ Ⓐ
                    │   制定企业战略发展规划   │
                    └──────────────────────┘
                               │
                               ▼
┌──────────┐          ┌──────────────────────┐
│ 董事会审批 │◄─────────│   总经理审核发展规划   │
└──────────┘          └──────────────────────┘
      │
      ▼
┌──────────────┐ Ⓑ    ┌──────────────┐        ┌──────────────┐
│ 确定企业主导业务 │─────►│ 分析主导业务流程 │◄───────│ 其他部门参与 │
└──────────────┘       └──────────────┘        └──────────────┘
                               │
                               ▼
                    ┌──────────────────────┐ Ⓒ
                    │  确定管理层次和管理幅度  │
                    └──────────────────────┘
                               │
                               ▼
                    ┌──────────────────────┐
                    │  确定具体岗位及人员配备  │
                    └──────────────────────┘
                               │
        ┌──────────────────────┼──────────────────────┐
        ▼                      ▼                      ▼
┌──────────────┐ Ⓓ   ┌──────────────┐        ┌──────────────┐
│ 编制组织机构图 │       │ 编制业务流程图 │        │ 编制岗位说明书 │
└──────────────┘       └──────────────┘        └──────────────┘
        │                      │                      │
        └──────────────────────┼──────────────────────┘
                               ▼
                    ┌──────────────┐        ┌──────────────┐
                    │  总经理审核   │───────►│ 董事会审批确定 │
                    └──────────────┘        └──────────────┘
```

流程梳理

按图索骥

A 企业战略规划就是制订组织的长期目标并将其付诸实施，它包括企业的发展方向和资源配置策略。有了战略规划，就可以指导企业更合理地设置组织机构，以期最终实现战略规划。

B 企业的主导业务关系着企业的日常经营活动，更涉及各方面人才的投入。确定主导业务有利于明确经营管理工作内容，从而确定所需要的人才以及需要设置的岗位。围绕主导业务，可以更准确地为企业设计管理层次，使组织机构更合理、科学。

C 管理层次是组织的最高管理者到作业人员之间所设置的管理职位层级数，管理幅度是一名领导者直接领导的下属人员数。借助企业主要业务流程的确定，设计企业的管理层次和管理幅度，从而上下、左右扩展企业管理范围，形成最终的、完善的组织机构。

D 组织机构图是展示企业的管理层次和管理幅度的直观图示，可以更清楚地表现企业的组织机构类型。编制组织机构图，将其列入企业的员工手册，可以用于新员工培训，让新员工切实了解公司的岗位设置情况。

答疑解惑

问：酒店实际经营过程中如何更合理地配置安保人员？

答：首先要明确企业安保工作需要负责的具体内容，包括门岗站岗检查、区域巡逻、区域监控和消防检查等。然后根据酒店的规模以及经营管理特点，对不同的工作岗位配置不同的安保人员。比如规模较大的酒店，可单独设置安保部门，统一管理门岗站岗、区域巡逻、区域监控和消防检查等工作岗位的人员，因为每一个岗位的人员可能较多；而规模较小的酒店，可聘请数个安保人员，共同负责酒店的安保工作。因此，就算是小酒店，也需要配备安保人员，保证酒店和客人的人身及财产安全。

问：发现工作内容有交叉重叠怎么办？

答：①先要明白，工作中有交叉重叠的情况是正常的，如果完全不重叠，理论上讲没有办法做交接工作。②然后确定交叉重叠部分的比例，比例在合理范围内，不用过于在意，做好自己的本职工作即可，若交叉重叠的工作内容较多，就需要明确工作的责任人。③明确了工作责任人后，适当划分出必要的工作岗位，将可以不负责该项工作的岗位进行职责明确，以便日后不再参与到交叉重复的工作中。④如果在明确了某个工作岗位的工作职责后发现，该岗位没有其他工作内容，则需要考虑取消设置该岗位，将原岗位员工按需分配到其他工作岗位上，以此精简企业的组织机构。

答疑解惑

问：在设计组织机构时需要考虑哪些方面的因素？

答：①经营环境，包括任务环境和一般环境，任务环境主要作用于对组织实现经营目标具有直接影响的要素，如顾客、供应商、竞争对手、工会组织和行业协会；一般环境指那些对酒店日常经营没有直接影响，但对酒店和酒店的任务环境产生间接影响的要素，如经济、技术、政治、法律、社会、文化和自然资源。②经营战略是实现组织目标的各种行动方案、方针和方向选择的总称，而组织机构要为经营战略服务。③实现的阻力，如组织文化、惯性以及群体间的关系，这些都可能在设计组织机构时影响组织机构的最终成形。

实用模板

酒店管理制度及工作规范目录	酒店奖惩制度	酒店员工手册
酒店会议管理制度	安保部门各岗位职责	保安人员巡查管理
大堂保安人员执勤管理	酒店外围保安人员执勤管理	保安部工作管理

第2章

前台与大厅接待塑造好的初印象

无论是小旅馆还是大酒店，通常都设有前台，大酒店还有宽敞的前厅。这里是顾客对酒店产生初印象的地方，能不能留住顾客，在很大程度上也受前台服务和前厅环境的影响。因此，做好前台与前厅的接待工作，提升酒店在顾客心中的形象，有助于招揽顾客住店消费。

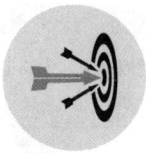

2.1　前台岗位设置与职责分工

虽然前台在给顾客初印象时非常重要，但由于前台工作并不难，因此在设置岗位时数量要把控好，任职人员的数量也要控制在合理范围内。另外，明确前台服务人员的职责，也是提高工作效率、明确责任的依据。

2.1.1　前台岗位设计与工作范围

酒店前台服务人员作为酒店前厅部员工，首要任务就是推销客房和其他服务项目，因此就要求所有前台人员都要非常熟悉酒店经营的商品和服务，同时还要善于观察和分析顾客的消费心理，按照顾客需求为其推荐客房和消费项目，这样既能提升酒店收益，也能让顾客感觉到服务的周到性。

那么，酒店前台具体可设置哪些岗位，以及这些岗位各自的工作范围是怎样的呢？见表 2-1。

表 2-1　酒店前台工作岗位及工作范围

岗　位	说明与职责描述
主管	前台主管一般隶属于酒店的前厅部，偶尔也会安排客房部领班任职该岗位，具体职责有： ①协助前厅部经理做好日常接待工作，主持前台班组的全面工作 ②参加主管例会，检查并督导前台人员的仪表仪容、组织纪律、礼貌用语和工作效率 ③负责编制员工工作表，合理安排下属的工作，管理并调配前台的各项消耗品，严格控制成本，及时传达上级指示 ④掌握预订情况和当天客情，根据当前到达及离店的房客名单，最大限度地销售即时客房 ⑤协助检查负责前厅部和前台的安全、消防工作，负责安排重点宾客的接待工作和重要留言的处理、检查 ⑥督导迎送服务，贯彻执行服务程序，督导问询迎接服务的进行，尽可能地满足客人合理要求 ⑦参与前厅接待工作，有效解决客人的投诉问题 ⑧制订并组织实施培训计划，正确考核评估下属工作，做好记录等

续上表

岗 位	说明与职责描述
领班	一般是前台班组的负责人，具体职责有： ①在一般的前台人员休息时顶班 ②在主管的领导下与前台接待和前台收银人员一起工作 ③每日负责检查本职工作区域内的桌椅及其他必需品的摆放和卫生情况，检查本组人员（前台服务人员）的仪容仪表 ④负责前台员工的考勤和考核工作 ⑤掌握客情和预订信息，做好顾客的信息登记，督促并检查前台接待和收银人员输入电脑的资料的准确性 ⑥认真检查交班记录，了解并及时记录当前班次工作中存在的问题，处理前台接待和收银人员解决不了的问题 ⑦协助主管整理前台员工的培训资料，负责新入职员工的入职培训 ⑧帮助前台人员解决工作中的难题，处理工作差错和事故 ⑨负责部门月度报账工作 ⑩配合主管做好前台人员的思想工作，调动其工作积极性等
前台接待	前台接待又称行政前台，属于面向酒店外部的公司门面，代表着酒店形象，具体职责有： ①负责所有宾客的登记、入住、延房、换房和退房等接待工作，按规定填写、录入电脑系统 ②负责酒店总机电话接听、转接、解答宾客对酒店信息的咨询电话 ③随时准确掌握和了解房客状态和价格等信息，积极有效地推销客房和服务项目 ④负责做好当班账务管理和结账工作，确保当班营收无误、收银准确，做好相应班次的报表 ⑤负责管理好宾客贵重物品的寄存，做好记录 ⑥做好交接班工作，保证工作连续性 ⑦定期维护保养前台设施、设备，保持前台环境清洁整齐 ⑧完成上级领导交办的其他工作事项
前台收银	酒店前台收银员类似于出纳，直接管理客房服务和其他服务的收入入账工作，具体职责有： ①服从前台领班的工作安排，按规定程序与标准向宾客提供接待服务 ②认真交接班，包括备用金的交接，做到"前账不清后账不接" ③做好班前准备，认真检查电脑、打印机、计算器、验钞机和信用卡POS机等设备工作是否正常，并做好清洁保养工作 ④掌握房态情况，了解当天预订、预离宾客和会议、宴会通知，确认其付款方式，保证入住和结账准确无误等

实际上，如果酒店的规模一般，前台也可合并前台接待和前台收银岗位，即前台接待同时负责收银的工作，或者前台收银同时负责接待工作；而主管和领班岗位也可合并，从而减少前台的人员配置。

下面来看看前台工作中需要用到的一些表单范本，分别见表2-2和表2-3。

实用范本　　　表 2-2　前台员工白（夜）班工作表

白 班		晚 班	
8:20	清点核对小商品数量	20:20	准备交接班，清点小商品数量
8:30	清点核对租借物品数量	20:30	清点核对租借物品数量
8:35	清点核对电子门卡及来宾卡数量	20:35	清点核对电子门卡及来宾卡数量
8:45	清点备用金	20:45	清点备用金
9:00	办理入住 / 结账 / 预订	21:00	确认应到未到的宾客（0:00 前应到的宾客），核对上传系统信息与 PMS（酒店管理系统）是否相符
9:30	核对账单及是否封账 / 及时更新上传系统信息	22:00	检查租借物品完好性，清点数量并核对 PMS 备注
10:00	查询流量 / 确认 12:00 前入住的宾客 / 核对房态表并签字	23:00	查询当天入住宾客的登记和房价等信息并上传系统信息
11:00	填写流量记录表，办理入住 / 结账 / 预订	0:00	打印当前客人离店表
11:30	确认续住房间及时办理延住手续	1:00	整理前台抽屉，使其干净整洁
12:00	办理入住 / 结账 / 预订	1:30	打印收银员交款报告并核对账目，封账
12:30	确认普卡会员续住情况	2:00	整理当日预订单、登记单白联并封存
13:00	查询登记单及更改上传系统信息	3:00	预结刷卡的账目，整理隔日的预订单并与 PMS 核对预订信息
14:00	查询在店余额表并催续费，关闭退房电话 / 确认 18:00 前到店的预订并回复预订等候	4:00	检查前台各项单据及办公用品并备齐

续上表

	白 班		晚 班
15:00	查询小商品数量，核对租借物品的数量并查看交接班内容，及时完成或记录新内容	5:00	查看前台各项单据及办公用品并备齐
16:00	查询电话系统及时关闭离店客房电话	6:00	打扫前台卫生，保持干净整洁，对小商品柜和冰柜消毒
17:00	查询上传系统数据更新情况／核对房态表并签字	7:30	打印客房房态表及在店客人表，填写交接班内容
18:00	办理入住／结账／预订	8:20	打印收银员交款报告并核对账目，封账
18:30	打印当天离店宾客表	8:30	交接班内容
19:00	检查上传系统，查内、外宾客上传情况		
20:30	打印收银员交款报告并交接班		

　　实际工作中，各酒店前台员工的工作表安排需根据自身工作需要制订，这里只是给出一个范本供参考。

实用范本　　表2-3　前台员工工作表现评估表

姓名：　　　　员工工号：　　　　班组：　　　　职位：

评估日：　年　月　日至　年　月　日

条 目	项 目	评估内容	分 值	得 分
1	服务态度	员工是否能始终保持微笑服务，工作是否有主动性，是否经常迟到、请假、病假	—	
	A	员工能始终保持微笑服务，工作主动，无病假、事假、迟到	7	
	B	员工基本能保持微笑服务，工作主动，在本月有少于3天的缺勤，无迟到	6	
	C	员工微笑服务，工作主动性表现平平，偶有4天以上缺勤，有迟到	4	
	D	员工各项表现较差，经常缺勤、迟到	3	

续上表

条 目	项 目	评估内容	分 值	得 分
2	行为规范	是否始终保持标准仪容、仪表	—	
	A	始终保持标准仪容、仪表	7	
	B	基本保持标准仪容、仪表	6	
	C	仪容、仪表表现平平	4	
	D	仪容、仪表较差	3	
3	服务规范	是否处事精确不易出错，工作是否有条不紊，容易使人接受	—	
	A	处事精确不易出错，工作有条不紊，容易使人接受	7	
	B	处事基本精确不易出错，工作有条不紊，基本使人接受	6	
	C	各项服务规范表现平平	4	
	D	各项服务规范较差	3	
4	设施设备保养	工作范围内各种设施设备是否保养良好	—	
	A	设施设备保养非常好	7	
	B	设施设备基本能做到保养	6	
	C	设施设备保养一般，需经常督促	4	
	D	设施设备保养较差	3	
5	班组培训	班组培训是否始终保持出勤标准	—	
	A	班组培训始终保持出勤标准	7	
	B	基本能保持出勤标准	6	
	C	班组培训的出勤表现平平	4	
	D	班组培训的出勤表现较差	3	

　　酒店同样需要根据自身前台管理要求，制作出科学、合理的前台人员工作评估表，具体包括但不限于上表所示的项目。

2.1.2 前台人员着装礼仪管理

酒店前台服务人员是酒店的形象代表，其一举一动都关系着酒店的形象和声誉，因此，前台服务人员的着装礼仪管理非常重要。通常来说，酒店会专门制定前台礼貌礼仪管理规范，来规范和约束前台服务人员的着装、仪容、仪表和仪态。下面来看某酒店制定的前台着装礼仪管理规范。

实用范本 酒店前台服务人员着装礼仪规范

酒店前台员工是酒店的先锋部队，也往往是酒店客人首先接触的员工，所以前台员工在礼仪礼貌方面要不断地检点和警惕，员工的一举一动代表了酒店的形象及声誉。客人往往可以从前台员工的操作情况看出酒店的管理水平。

一、酒店前台基本仪容礼仪

1. 制服要完整、清洁及称身，不得穿脏或有皱褶的衣服。

2. 男员工头发不得油腻和有头皮，而且不得过长（留酒店规定的长度）。

3. 女员工头发梳洗整齐，长发要捆绑好，不得戴太夸张的发饰，只宜轻巧大方的发饰，头发不得掩盖眼部或脸部。男员工不得蓄须，脸部要清爽宜人，口气清新。女员工不得抹太多胭脂水粉，只宜稍做修饰便可。

…………

二、仪容仪表精细化管理要求

（一）仪表

员工应举止端庄、文雅、行为得体。不得将手插入口袋。穿着工服时员工不得手挽手，双臂不得抱于胸前或交叉于身后。

（二）仪容

1. 发型。

男员工：整齐的短发，须在衣领上。只允许染黑发。不得留鬓角和胡须。

女员工：餐饮员工一律发不过肩，梳理整齐，不得戴头饰等。其他部门员工发型梳理整齐，一律前不挡眼、侧不遮脸，不留怪发型，只允许染黑发。

2. 首饰。

…………

三、员工纪律补充规定

1. 员工在岗期间要按规定着装，保持工服清洁，爱惜工服，要避免沾上无法清除的污渍（如墨水、圆珠笔痕）。

2. 员工上下班不得穿拖鞋、背心或非制服式短裤等不雅观服装进入酒店。

3. 员工非当班时不得着便装回工作岗位。

4. 上下班走职工出入口。随身携带的物品，须主动接受保安人员及上级的检查。按规定打卡并签到、签离。

…………

四、文明举止规范

（一）文明举止

1. 精神饱满。

2. 不倚不靠。

3. 面向客人微笑。

4. 敬语对客。

5. 站姿端正，对客服务表示出诚恳态度。

…………

（二）不良举止

1. 无精打采。

2. 倚靠门、窗或单腿站立。

3. 当客人需要服务时，装没看见或背向客人，不理睬。

4. 脚在地上划来划去，大腿小腿晃来晃去。

5. 满不在乎的样子。

…………

五、文明语言规范

··········

9.道歉语。

实在对不起／请原谅／失礼了。打扰您了。完全是我们的过错，对不起。感谢您的指正。我们立即采取措施，使您满意。

由范本内容可知，酒店在制定前台服务人员着装礼仪规范时，包括的内容主要有仪容礼仪、仪表礼仪、纪律规范、仪态管理和文明语言规范等。

2.1.3　前台管理中的重点项目

为了快速了解并掌握酒店前台管理工作中的重点内容，我们需要明确前台管理中的重点项目。一般而言，酒店前台管理工作中的重点项目有以下几个。

（1）房态控制

房态控制即酒店客房状态控制，主要就是实时了解酒店内部所有客房的使用状态，从而做出针对性的客房管理措施。实际工作中，客房状态见表2-4。

表2-4　客户的不同状态

客房状态	说　明
住客房	即OCC，指客人正在住用的房间
走客房	即C/O，指客人已经结账并离开的房间
准备退房	即E/D，指客人应在当天中午12:00前退房，但目前还未结账退房的房间
空房	即V，指前夜没有客人住宿的房间
外宿房	即S/O，指客房已经被租用，但客人昨夜未归的房间
长住房	即LSG，指长期由客人包租的房间

续上表

客房状态	说　明
贵宾房	即 VIP，指房间的客人是酒店重要宾客的房间
请勿打扰房	即 DND，指房间的客人不愿意受到任何打扰的房间
请即打扫房	即 MUR，指客人要求立即打扫的房间
未清扫房	即 VD，指前一位客人已经离开但还没有经过打扫的房间
已清扫房	即 VC，指已经清扫完毕，可以重新出租的房间
维修房	即 OOO，指房间内设施、设备发生故障，暂不能出租的房间

房态的控制可以帮助前台人员加强与客房部的信息沟通，及时掌握宾客入住、换房、退房以及清洁保养房间的信息，从而为客房销售工作提供灵活且准确的房源信息，防止房间不能用而租给宾客，或者房间已经空置却没有及时向宾客推销。

（2）宾客接待与客房销售

宾客的接待与客房的销售是紧密联系的，前台人员接待的宾客大多是已经在网上预订了房间然后到酒店办理入住的，或者是临时有酒店租住需求而前来酒店咨询并办理入住的人。

很显然，在接待宾客的同时就会向其推销酒店的各种客房，而如何既切实满足宾客的住房需求，又能提高酒店的营收业绩，就是前台服务人员在客房销售工作中需要重点把握的。

（3）客房账目处理与营业报表的制作

对一般的酒店来说，客房收入是酒店收入的主体，只有具备丰富的娱乐设施和餐饮服务的酒店才会成为酒店收入的主体。但无论是哪种酒店，客房销售收入都是最基础的营业收入，且客房收入的多少，在客房销售的初期，最清楚的莫过于前台服务人员。为了辅助好酒店财务部门做账，前台人员也应该重视客房账目的登记和管理，包括按时编制营业报表。

另外，在工作中还要预防收到宾客支付的现金，所以酒店前台可能会有现金保管工作，一般需要使用到保险柜。下面来看一张酒店保险箱记录卡，见表2-5。

实用范本　　　　表2-5　酒店保险箱记录卡

Safety Box Record（正面）

保险箱号码 Safety Box NO.：

使用记录 Records

日期 Date	时间 Time	客人签署 Guest's Signature	经办人 Receptionist

本人特此声明保险箱内的一切物品，均已完全取回，××酒店的一切责任均已取消。

I prove that all properties stored in Safety Box have been taken out completely. ×× Hotel is dispensed with all responsibility.

客人签署　　　　　　　　日期

Guest's Signature:　　　　Date:

Safety Box Record（反面） 续上表

| 保险箱记录卡 |
| Safety Box Record |

客人姓名 Guest's Name：＿＿＿＿＿＿＿

房号 Room NO.：＿＿＿＿＿＿

证件号码 ID NO.：＿＿＿＿＿＿＿＿＿＿＿＿＿＿

永久地址 Permanent Address：＿＿＿＿＿＿＿＿＿＿＿＿

联系电话 Telephone NO.：＿＿＿＿＿＿＿＿＿＿＿＿

保险箱使用须知

Notice

- 保险箱只为住店客人提供服务。

We only offer safety box to in-house guests.

- 不得在保险箱内存放任何违禁物品。

Any contraband is strictly prohibited.

- 如将保险箱钥匙遗失、损坏，需赔偿人民币 200 元。

Please keep the key carefully. Any lost or damage of

the key needs a compensation of RMB 200.

- 退房时请将保险箱钥匙交还前台。

Please return back the key when you check-out.

×× 酒店

×× Hotel

（4）夜审

酒店的夜审工作是指前台服务人员将各收银点的收银员以及各营业部门交到前台的单据和报表等资料进行审核，统计整理由于宾客消费而产生的收入，保证酒店当天收益的真实、正确、合理和合法。

酒店夜审的工作内容大致有三项：一是审核各消费点的营业收入，并编制酒店营业收入报表；二是完成前厅、餐饮和娱乐等电脑清机；三是抽查各收银点备用金。这里前台以及其他部门涉及的备用金管理等，由于均属于财务部管辖，所以将在本书的第七章进行相关管理制度的示范。

下面来看看酒店前台的夜审工作具体包括哪些。

①核对附有账单等单据的前厅收银账单的份数与前厅收银系统中的客房收入账报表是否相符。若不符，应逐一查对，把未交和缺失账单的收银

员名字和缺失账单详情记录在交班本上，留给次日有关主管人员审阅调查。

②核查入住和离店时间，房租是否全部计入，应收半天房租或全天房租是否已经计收，免收半天或全天房租是否有规定的批准手续。

③检查账单后所附单据是否齐全，如有押金单缺失，看是否注明原因，将未退款详情登记在交班本上留待日审检查。

④检查临时入住登记单、押金单是否与前台收银结账单明细相符。

⑤检查调房是否有人签字，房价由高调低手续是否齐全等。

实际工作中，酒店前台的夜审项目包括但不限于上述这些内容。

（5）宾客住宿档案的建立与管理

对酒店来说，宾客住宿档案很重要，它不仅记录了宾客的基本信息，还记录了宾客的入住信息。建立和管理该档案，不仅可以随时查阅宾客信息，还能做好酒店宾客入住状态管理，同时为酒店的安保工作打好基础。

酒店宾客住宿档案的建立与管理主要包括四个方面的内容，见表2-6。

表2-6　酒店宾客住宿档案的建立与管理内容

方　面	工作内容
客源分类	酒店一般按照宾客消费金额的多少进行分类，如A类，酒店大客户或VIP客户；B类，酒店普通客户；C类，酒店普通散客或新开发客户，这3类宾客中尤其要重视A类和B类客户的档案建设管理
信息收集	前台服务人员要通过前台服务或者其他服务项目积极、全面地收集宾客的身份信息和入住消费信息，充实宾客档案资料
建立宾客档案	前台人员收集到宾客的信息后，要对信息进行筛选、整理，分类汇总，录入电脑中，形成宾客信息数据库
档案补充、更新、管理	酒店前台与营销部之间要密切合作，及时登记和更新宾客信息，同时妥善保管宾客档案资料，防止外泄给宾客和酒店造成损失

2.1.4 前台服务流程与标准

酒店前台服务人员的工作并不是杂乱无章的，工作与工作之间也有必然的联系和衔接。大致的服务流程如图 2-1 所示。

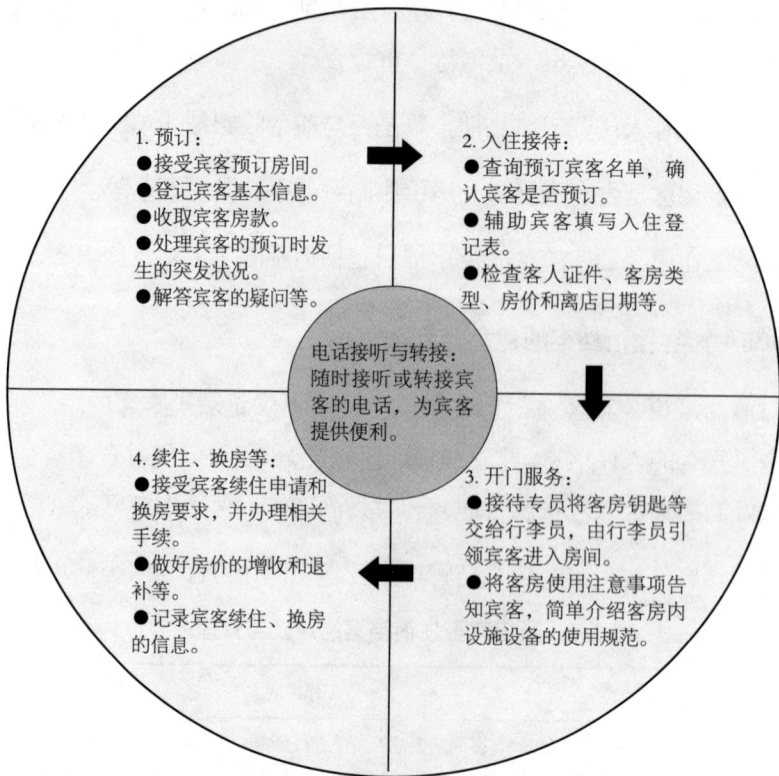

1. 预订：
●接受宾客预订房间。
●登记宾客基本信息。
●收取宾客房款。
●处理宾客的预订时发生的突发状况。
●解答宾客的疑问等。

2. 入住接待：
●查询预订宾客名单，确认宾客是否预订。
●辅助宾客填写入住登记表。
●检查客人证件、客房类型、房价和离店日期等。

电话接听与转接：随时接听或转接宾客的电话，为宾客提供便利。

4. 续住、换房等：
●接受宾客续住申请和换房要求，并办理相关手续。
●做好房价的增收和退补等。
●记录宾客续住、换房的信息。

3. 开门服务：
●接待专员将客房钥匙等交给行李员，由行李员引领宾客进入房间。
●将客房使用注意事项告知宾客，简单介绍客房内设施设备的使用规范。

图 2-1 酒店前台服务流程

前台服务的各流程工作的标准，实际上就是所有前台服务工作的标准总和，一般在前台服务工作规范中会详细说明，在酒店前厅部管理制度中也可能会做出详细的规定。下面来看看专门的酒店前台操作服务标准。

实用范本 酒店前台操作服务标准

一、基本要求

1.上班淡妆（女），着工作服，佩戴工号牌（领结、领带），穿黑皮鞋。

2.提前 15 分钟上岗接班。

3.总台接待员必须有求必应，有问必答，必须始终把接待客人放在第一位。

4.接待员在工作中任何时候、场合，遇到客人必须说"您好""早上好""下午好""晚上好"。

5.上级、宾客同时问话，应先回答客人。

6.所有电话务必在铃响 3 声之内接答。

7.酒店 24 小时提供接待、问讯、结账、收发传真、行李寄存、代办业务、小商品及冷、热水服务。

8.总台备用金 5 000 元。夜班人员必须把人民币放入保险箱中。

9.小商场柜的商品不能外借。

二、服务流程

（一）电话

1.当接听内线电话时，应说"您好，前台。"；当接听外线电话时，应说"您好，××酒店前台。"

2.开关电话：VC 房（空干净房）内的电话应关闭外线，仅为内线开通状态，客人有要求再为其开通；客人退房随即关闭外线。

（二）登记

1.登记入住，只有 VC 房才能放客。

2.当客人走向服务台时（先用目光正视客人，再用足以让客人听见的声音）说"您好，欢迎光临""您好，先生 / 小姐：请问需要住宿吗（需要我帮助吗）？"

3.当客人需要住宿时，应说"请问，先生 / 小姐，您是否预定过房间？"

4.填写住宿登记单时，姓名、性别、身份证号码、工作单位、家庭住址、入住时间、离店时间、何处来、何处去、登记员等栏目要清楚。

5.客人登记入住，公安局的电脑系统一定要扫描、录入；客人退房，公安局系统也要相应退出。

6.填写预付金凭证时应说"请问先生／小姐，您是我们××酒店的会员吗？"

7.登记并与证件核对完毕后，必须说"对不起，先生／小姐，请您付××元预付金。""先生／小姐，请您在预付金收据上签字，房价是××元，请您结账时将收据带来。""这是您的房间钥匙，上楼请往这里走(手势指引)，餐厅在××，祝您在这里过得愉快！"并告诉客人房间钥匙的用法。

8.预付金凭证上姓名栏与旅客签名栏必须相同，必须注明退房日期和时间。

9.会员客人记录客人卡号，读取客人的会员资料。

（三）预订

…………

不同的酒店经营理念以及服务要求，会使酒店前台服务标准有差异，酒店根据自身实际情况制订前台服务标准。

2.2 前厅接待与咨询服务

前厅部的工作范围实际上包括了前面介绍的前台工作，而除此之外，前厅部还有其他工作内容，比如大厅接待服务和咨询服务等。整个前厅部的工作是对外的，直接与宾客接触，甚至是首次交流，所以接待与咨询服务不能随随便便。

2.2.1 前厅工作岗位的设置与主要工作内容

酒店规模的大小是决定前厅部组织结构和岗位设置的重要因素，如图 2-2 所示的是常见的前厅部组织结构与岗位设置情况。

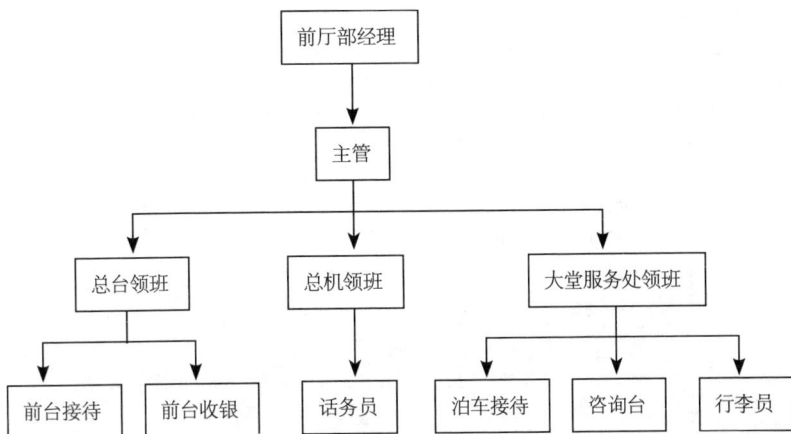

图2-2 酒店前厅部组织结构与岗位设置

有些大型酒店还会设置"商务中心领班",带领数名文员处理前厅部的一些文员工作。表2-7为酒店前厅部各岗位的主要工作内容说明。

表2-7 酒店前厅部各岗位的主要工作内容

岗 位	工作内容
前厅部经理	①参加由总经理召开的每周工作例会 ②对收银员报表及夜审报表进行审核,及时调整差错,及时奖惩,规范操作程序 ③统计前厅每月营收,努力提高客房收入 ④对员工进行现场督导,开展连续、走动式管理 ⑤负责分派前厅部员工的具体工作,包括排班、考勤考核和评估等 ⑥负责前厅部员工的日常培训工作的组织,定期对本部门员工进行技术考核,了解员工对业务的熟练程度,及时纠错 ⑦与其他部门协调配合,保持良好沟通等
主管	①贯彻落实前厅部销售策略和计划 ②负责本部门服务员招聘工作以及员工培训、调配和考勤等日常管理工作 ③熟悉客户档案,最大限度了解宾客情况,征求宾客意见并及时向经理和酒店内部有关部门反馈 ④及时处理宾客投诉,认真查明原因、落实责任,建立宾客投诉处理档案 ⑤完成上级领导交办的其他任务

续上表

岗　位	工作内容
总台领班	①执行主管分派的工作，协助主管开展日常工作，负责酒店前台的全面工作 ②监督并参与各项服务活动，及时发现问题并纠正 ③及时了解员工的思想状态，检查监督本部门员工仪容仪表、劳动纪律、礼貌用语、服务质量和工作效率 ④掌握客房预订情况和当天客情，根据房态最大限度地销售客房。同时确保入住登记单详细、准确、清楚，符合有关部门的规定 ⑤负责下级员工的业务指导和评估 ⑥检查与负责本部门的安全、卫生工作，负责安排重点宾客的接待工作并处理重要留言等
总机领班	①制定和完善总机的规章制度及工作程序 ②督导并检查总机的各项服务工作，确保服务质量 ③制订并实施总机员工的培训计划，负责总机员工的工作安排、考勤、考核和评估 ④建立设备档案，制定有关设备的维护保养制度，确保设备运转正常 ⑤随时收集、更新并整理酒店内外部信息，确保问讯资料准确无误 ⑥建立并发展与通信部门等业务单位的良好关系，确保总机工作顺利进行等
大堂服务处领班	①协助前台主管检查、督导前台员工按照工作程序和标准为宾客提供优质服务 ②负责宾客的咨询解答，以及宾客的要求和投诉，遇到不能解决的问题及时报告主管 ③准确发送、存放和记录所有的信件、邮包和留言 ④处理特殊情况，如宾客不按期到达、延长住房日或提前离店等，处理不了的及时上报主管等
前台接待	见本章 2.1.1 节内容
前台收银	见本章 2.1.1 节内容
话务员	①迅速转接每一个通过交换台的电话 ②礼貌地回答客人的问题 ③处理需要人工接转的长途电话 ④了解并牢记酒店 VIP（贵宾）的头衔、姓名和居住客房房号 ⑤为客人提供叫醒服务 ⑥遇到投诉和其他问题时向总机领班汇报等

续上表

岗 位	工作内容
泊车接待	①热情、主动为宾客停车，当宾客离开酒店时，主动将宾客的车开到酒店门口方便宾客驾车离开 ②将宾客的车钥匙交给酒店内部专门保管宾客物件的人员等
咨询台	①热情接待前来咨询的每一位顾客，认真做好酒店宣传和资料发放工作 ②认真接待宾客投诉，对不能解决的问题及时向大堂服务处领班汇报 ③协助前台以及前厅部内部其他人员的工作
行李员	①为入住或离开酒店的客人运送行李、递送包裹、报纸、信件、电报和电传等物件 ②与泊车接待员一同负责宾客的接待工作，及时接过宾客的行李 ③按规定清点宾客的行李件数，同时做好记录 ④引导宾客办理入住和退房手续。送宾客到客房 ⑤负责宾客的行李看管工作 ⑥随客进房，寄存行李，并提醒宾客行李寄存的注意事项等

通常来说，只有大型酒店或高级酒店才会专设泊车接待员，也才会专设总机领班，一般的酒店大多数只会安排一个或两个泊车员协助宾客停车，也只会配置一两名话务员负责接听和转接宾客的电话。

2.2.2 VIP 客人的接待服务

对小酒店来说，VIP 客人很可能是会给酒店带来可观收入的客人，对一般酒店来说可能是经常光顾的客人，对大型酒店来说可能是对酒店形象有助益的客人。因此，不论是哪种规模的酒店，都需要非常重视 VIP 客人的接待服务，防止因服务不周而错失 VIP 客人。

酒店 VIP 客人的接待服务要重视五个方面。

◆ 要对 VIP 客人进行差异化服务

对酒店 VIP 客人进行差异化服务，让不同的 VIP 客人感受到不同的服务，营造 VIP 客人的优越感，从而更能体会到成为酒店 VIP 客人的诸多好处，这也为酒店拓展 VIP 客人创造条件。

◆ 服务一定要专业

VIP 客人是酒店的重要或尊贵的宾客，只有向其提供尽可能专业的服务，才能让 VIP 客人感觉成为酒店的 VIP 客人是值得的，从而更好地维护酒店与 VIP 客人之间的关系。

◆ 要具备真正的服务意识

不仅是对 VIP 客人，对酒店的其他普通宾客也都要具备真正的服务意识，从潜意识里将任何宾客作为服务对象，才能真正从宾客的角度思考问题，从而切实解决客人的困难和达到客人的要求。

◆ 事先制订 VIP 客人需求方案

俗话说"不打无准备之仗""机会是留给有准备的人"，要为酒店 VIP 客人提供专业且周到的服务，就需要在提供服务之前制订客人需求方案，预设客人可能的需求，提前制订应对策略，这样到真正接待时就可以减少慌乱、不知所措的可能性，让 VIP 客人切切实实感受到酒店服务的专业水平。

◆ 接待人员的职责要分明

为酒店 VIP 客人提供服务时，一定要避免做事混乱，更要避免影响 VIP 客人的工作和生活，因此需要服务人员职责分明，谁负责什么，什么时候负责，什么地点负责等，都要清楚明白。

为了更好地服务酒店的 VIP 客人，很多酒店会单独制定 VIP 客人接待服务的规定。

实用范本 VIP 客人接待程序与标准

一、VIP 客人接待服务程序

（一）目标

为做好酒店 VIP 客人接待服务工作，树立酒店品牌形象，特制定 VIP 客人接待服务程序。

（二）内容

1.VIP 客人等级分类。

（1）一级 VIP。

①国内外有杰出影响的政治家。

②国际上有影响力的人士或对酒店的经营与发展有重要影响的人士。

（2）二级 VIP。

①国内各著名企业、集团、酒店、旅行社总裁。

②国内外文化界、艺术界、教育界、体育界知名人士及社会名流。

③对酒店的经营与发展有重要贡献或影响的人士。

（3）三级 VIP。

①各地企业界、金融界、新闻界人士及社会名流。

②星级酒店、旅行社总经理、副总经理等旅游业人士。

③对酒店经营与发展有较重要影响的人士。

（4）VIP 接待服务的申请。

①总经理办公室、销售部或餐饮部等部门获悉 VIP 客人抵达信息后，根据 VIP 客人等级，由部门经理填写 VIP 接待申请单呈报总经理。

②VIP 接待申请单应详细记录客人的姓名、职务、单位、随行人员抵离店时间及特殊喜好与要求，提出 VIP 等级意见要求。

③总经理对呈报的 VIP 接待申请单迅速批复，确定 VIP 等级后转销售部，由销售部以 VIP 接待通知单的形式将 VIP 客人接待相关信息和要求转发至各部门。

（5）VIP 接待服务的准备。

①VIP 等级确定后，销售部提前下发 VIP 接待通知单，注明 VIP 等级及相关部门的接待服务和准备要求，由各部门签收。

②各部门收到 VIP 接待通知单后，须立即在部门内传达落实，按要求

做好相应的 VIP 接待准备和检查工作。

············

二、VIP 客人接待服务程序及标准

（一）总经理

1. 对部门呈报的 VIP 接待通知单迅速做出回复，确定 VIP 等级、接待规格和标准。

2. 详细审批拟定的接待方案，并布置落实。

3. VIP 客人抵店时，根据接待规格带领部门经理到大堂迎接。

4. VIP 客人离店时，根据接待规格带领部门经理到大堂送行。

（二）销售部

············

2.2.3 建立并管理客户档案

在本章的 2.1.3 节的内容中已经简单介绍过酒店客户档案的建立与管理，实务中需要借助酒店的计算机系统完成这项重要工作。酒店管理比较严格的，会制定相应的宾客档案建立和管理规定，相关范本在本章的文末"实用模板"部分提供，这里不做展示。

酒店在建立宾客档案时，需要用到相关表格，以此来记录重要宾客的基本信息，包括姓名、性别、出生日期、证件号码、手机号码、车牌号码、邮箱地址、宾客类型和宾客级别等，以及宾客的一些重要信息，如相关的纪念日、基本的身形特征、生活消费习惯以及投诉记录等。

这些信息是酒店的客户资源，酒店再次接待以往的宾客时，就可以在第一时间获取宾客的基本信息，从而提前做出恰当的安排，提升自我服务质量和水平的同时，也能让宾客感受到酒店的用心，为维系客户关系打下坚实基础。实际工作中，一般用表格来记录这些信息，清晰、方便，见表2-8。

实用范本　　　　　表 2-8　酒店宾客档案表

建档日期：　　　　建档部门：□ YX　□ FW　□ CY　　　编号 No.：

姓名		性别		民族		出生日期		
证件号码			家庭住址					照片
手机号码			微信号		车牌号码			
工作单位					工作职务			
办公电话			单位地址					
QQ 邮箱			电子邮箱			传真号码		
客户类型	□消费卡（卡号 No.：　　　）　□会员卡（卡号 No.：　　　） □协议单位（协议号 No.：　　）　□其他							
	□公务出差　□商务客户　□娱乐客户　□其他							
纪念日	个人生日_____　　爱人生日_____　　小孩生日_____ 结婚纪念日_____　　父母生日_____　　岳父母生日_____							
消费主体	□客房　　□餐饮（包厢、宴席）　　□会议							
客户级别	□A 类　　□B 类　　□C 类　　□D 类							
基本特征	（脸型 / 身高 / 体态 / 皮肤 / 发型 / 服饰 / 口音）							

生活消费习惯	客房		餐饮	
	喜好	忌讳	喜好	忌讳

投诉史	日期	事情经过	处理结果	记录人

续上表

完善日期	完善部门	完善人	督导人	备注

由于酒店宾客的档案涉及宾客的隐私，因此酒店对宾客档案的管理要尤其重视。如设置专门的档案管理室，或者指定财务部或行政部负责保管酒店宾客档案；规模较小的酒店，可指定专人负责宾客档案的管理。宾客档案的查阅必须经过备案登记，以示负责；没有经过查阅批准的，不得查阅宾客档案等。

总之，酒店对宾客档案的管理，要像保管酒店商业机密一样，采取积极有效的安全措施，保证酒店宾客档案的安全性和完整性，防止宾客信息被泄露。

2.3　对各部门发生投诉的处理

身处服务行业，酒店经营过程中难免会接收到宾客的投诉，无论是客房投诉，还是餐饮投诉，或者是娱乐项目投诉，一旦处理不好，就会引起宾客的不满，严重时还会影响酒店的声誉，从而影响酒店的业绩。所以，酒店要重视对宾客投诉的处理工作。

2.3.1　分析客人投诉原因和类型

因为酒店前厅部相当于酒店内部的一个比较大的行政部门，很多日常事务都会由前厅部经手，包括各部门接收到的宾客投诉。

针对宾客的不同类型的投诉，不仅其引发原因不同，处理办法和措施也会不同。为了更有针对性、更准确地处理宾客投诉的问题，酒店相关负责人应先分析清楚客人投诉的原因和投诉类型。

（1）宾客投诉的原因

酒店接收到宾客的投诉，主要原因可划分为客观和主观两方面，简单介绍见表2-9。

表2-9 宾客投诉的客观与主观原因

方　面	原　因
客观	①酒店的环境卫生问题，如酒店清洁卫生工作没做好，食品用具不洁，或者菜品变质或不熟等 ②酒店的设施设备问题，如酒店的设备损坏后未能及时修理好，基础设施不完善，电话不能打长途，客人使用的电器不便利，房间门窗关不严 ③酒店的收费不合理问题，如宾客在就餐后或离店前结账时发现应付的款项和实际消费有出入，或者是酒店的收费项目不明确而让宾客感觉酒店有欺骗客人的嫌疑
主观	①酒店服务员本身素质，如不尊重宾客、工作不负责任，具体表现为脾气大、冲撞宾客，挖苦、辱骂客人，未经宾客同意就进入宾客房间，不尊重宾客的风俗习惯，毫无根据地怀疑宾客，经提醒仍然打扰客人休息等 ②宾客个人素质，如宾客个人素质不高，辱骂酒店工作人员，遭到工作人员委婉的反驳后认为工作人员不尊重宾客而投诉；宾客随地乱扔垃圾被工作人员善意提醒，却认为工作人员自己的工作没有做到位而投诉；宾客在酒店内发生争执，由工作人员从中调解，调解不成而投诉等

（2）宾客投诉的类型

针对引起酒店宾客投诉的原因，可以将宾客投诉划分为如下四种类型。

◆ 对服务态度的投诉

宾客对酒店工作人员的服务态度进行投诉，如言语粗鲁、态度冷漠、对宾客发脾气等。这种投诉类型中也包括宾客个人素质不佳而无理取闹认为工作人员服务态度不好的情形。在分析时一定要注意区分。

◆ 对设施设备的投诉

酒店的设施设备，如照明、空调、供水、电梯及卫生间，由于未能及时检查维修，或者未能更换新设施、新设备，给宾客以不好的住宿体验，由此产生的投诉。

◆ 对服务质量的投诉

当酒店工作人员没有按照相关规定或规范来开展自己的工作，导致提供给宾客的服务出现差错，由此引发的投诉。比如，分错房间、宾客的邮件未及时送达、行李无人搬运、房间无人打扫、提供的餐食不熟甚至变质、房间内的卫生清洁工作不到位、洗漱用品不是最新的以及被褥、枕套等还有污渍等。

◆ 对意外或异常情况的投诉

酒店宾客在入住期间，难免会碰到一些酒店无法事先预知的突发事件或异常情况，由此给宾客带去不便甚至恐慌等，从而引发投诉。

比如，散客临时预订房间但客房已预订满，给宾客造成不便引发投诉；由于酒店附近交通繁忙、拥堵而耽误了宾客的时间，给宾客造成不利影响而引发投诉；酒店所在地区的通信、网络或者电路等突然大范围中断，给宾客的生活和工作带来了不便甚至是不利影响而引发投诉；酒店所在区域突然大范围强降暴雨，影响了宾客的出行而引发投诉等。

前3种类型的宾客投诉，对酒店来说是可以通过提高服务水平和酒店管理水平来规避和减少的，而最后一种类型是酒店无法预估的，只有在接到宾客投诉时，尽快、尽全力地为宾客解决问题。

2.3.2 按规范流程处理客人投诉的问题

要想快速且有效地为宾客解决问题，酒店有必要事先制定出处理宾客投诉问题的规范流程及处理投诉的工作标准，相关人员牢记流程和标准，就能有效提高处理投诉问题的效率。下面先来了解处理宾客投诉问题的一般流程。

第一步，表示抱歉和初步道歉。凡是酒店的员工，不论是在店内还是店外，听到或看到宾客对酒店有投诉或抱怨，无论是否属于本岗位或本部门的过错引起的，都先向宾客表示抱歉，并做初步道歉。

第二步，承诺立即帮助宾客解决问题。如果是非本岗位的酒店工作人员接收到宾客的投诉或抱怨，要立即联系负责处理宾客投诉问题的人或部门，向负责人简单说明宾客投诉情况，完成工作交接；如果是本岗位的工作人员接到宾客投诉或抱怨，要立即为宾客处理问题，处理不了的，要及时向上级领导汇报情况，共同制订解决措施。

第三步，积极跟进并向宾客反馈问题处理进度。在受理宾客投诉问题后，处理投诉问题的负责人应实时跟进问题解决的进度，并向宾客反馈具体情况，让宾客切实感受到其投诉的问题正在被处理。相应地，这也是一种稳定宾客情绪的有效方法。

第四，不断与宾客沟通直至投诉问题被解决。在处理宾客投诉问题的负责人向宾客传达问题处理进度的过程中，双方要进行积极的沟通，直至宾客投诉的问题被解决且得到宾客的满意评价。同时，要在规定的时间内填写宾客投诉抱怨平息处理信息汇报单等相关表单，经部门第一负责人及主管副总签字后上交到相关部门，形成档案文件妥善保管。

第五，对宾客离店后仍未处理完毕的投诉问题的处理。对于宾客在店时投诉或抱怨的问题未能及时整改、处理而宾客已经离店的，且整改和处理还需要一些时间才能完成的，都要向酒店汇报情况，由营销部或其他相关部门以书面等形式向宾客做出致歉或致谢答复,以及说明整改处理结果。当然,这一步骤的具体情况也要记录到相应的汇报单中,一并提交给相关负责人或部门,形成档案文件并妥善保管。

下面就来看一个关于处理酒店宾客投诉(抱怨)问题的流程和规范文件。

实用范本 关于处理宾客投诉、抱怨的流程和规范

一、目的

为了及时化解宾客的投诉或抱怨,把宾客不满化解在顾客消费结束之前、离店之前,最大程度的维护酒店声誉,特制定本规定。

二、宾客投诉或抱怨的定义

客人以口头、书面或电话等形式提出或让他人转告,对酒店向客人所提供的食品、饮品、用品、设备设施及员工在对客服务中、生产中,或在诚信方面出现的问题,以及客人没有受到欢迎、重视和尊重等方面的情况,特别是给客人精神上、身体上或物质上带来伤害和损失的事件。

三、处理宾客投诉或抱怨的流程

1. 凡是酒店全体员工,不论在店内还是店外,听到或看到客人对酒店有投诉或抱怨时,无论是否属于本岗位和本部门过错引起的,都要首先向客人行90度道歉礼道歉,同时迅速反馈至本部门上级(如果不属于本部门业务范畴的,可以马上告诉业务对口部门的管理人员或本部门上级,同时可拨打酒店总机反馈到酒店总值班经理)。在反馈的过程中,必须在现场做好对宾客的服务,直到上级到达时方可离开现场(如在店外,可留取客人的联系方式以便交信息反馈部处理)。

2. 各级管理人员,主管或经理或总监,在接到下级关于客人投诉、抱怨的反馈后,必须在3分钟内赶到现场。赶到现场后,要首先向客人行90度道歉礼,以表示道歉。

3. 向客人鞠躬道歉后,要耐心倾听客人的投诉或抱怨,必须把顾客投诉或抱怨事件的由来落实得清清楚楚。倾听时要全神贯注,必要时要当客人面记好笔记要点,不可分心,原则上顾客坐着我们站着,在非坐不可的

条件下（如请客人到某一地点或客人要求坐下时），即使坐着也只能坐椅子的三分之一，并要躬身倾听。

4.凡是管理人员在自己权限内可以处理，并且能够保证使客人满意的，可以自己做决定来处理。

....

四、管理人员处理顾客投诉或抱怨需注意事项

1.要按119的原则，火速到达现场，不能有丝毫怠慢，快步赶到现场，要给客人以焦急、重视的感觉，见到客人后要首先行90度的道歉礼，表情眼神要表达出凝重关注。

2.要换位思考，站在客人的立场考虑问题，要和客人有同样的感受，把宾客当成自己的朋友、家人、亲人一样对待，相信客人所提的意见或抱怨都是正确的，顾客的讲述、感受都是真实的，顾客的要求都是合理的。千万不可以偏听偏信员工和下级对于客人投诉或抱怨的描述和评价。

3.在与客人沟通时，一定要先给顾客以精神上的满足，让客人明白，我们是以诚恳的态度来向他（她）道歉的，要让客人感觉到受尊重，千万不能让客人感觉到他（她）的投诉是在向酒店要什么好处。如果我们给客人精神上、身体上、物质上带来了损失要赔偿时，规范用语为"×× 先生/女士，我们知道无论用什么办法也无法弥补我们给您造成的不便和损失，但为了表示我们的心意，您看我们用这种方法可以吗？"客人执意不要的时候，要讲"无论如何请您给我们一次表达心意的机会"。

....

五、处罚

如果相关人员没能快速反馈客人抱怨或投诉，或没按要求处理，事后根据关于对客人的需求或投诉等快速反馈规定对相关人员进行处罚。

2.3.3 客人满意度调查回访

前厅部的工作不仅限于接待，还包括对入住宾客的居住体验回访，了解宾客对酒店的服务是否满意，从而做出适当的工作调整，以提升酒店的

服务质量和管理水平。

　　酒店前厅部的工作人员在对宾客进行满意度调查回访时，可以借助调查问卷或调查表，了解宾客对酒店的住宿、餐饮和总体服务等的感受和看法，最后形成专门的文档，进行整理、分析、运用和归档管理。

　　下面来看某酒店制作的宾客满意度调查问卷。

实用范本 **×× 酒店宾客满意度调查问卷**

　　尊敬的先生 / 女士：

　　您好，我们受 ×× 酒店的委托，为了使 ×× 酒店的服务质量提高，从而使您享受到更好的服务，特组织此次宾客意见调查。请您协助我们完成此调查问卷。我们将会对您提供的信息完全保密，请您放心填写。答题时请您在所选定的答案上打"√"，如果您对我们酒店有什么宝贵的建议，我们恳切地希望您能够提出。对于您的合作我们表示感谢！

　　1. 您是否经常住酒店？

　　A. 是　　　　　　　B. 否

　　2. 您是第几次入住我们酒店？

　　A. 第一次　　　　　B. 第二次　　　　　C. 第三次

　　3. 您是通过什么样的方式知道我们酒店的？

　　A. 电视　　　　　　B. 广播　　　　　　C. 杂志　　　　　　D. 报纸

　　E. 网络　　　　　　F. 旅行社　　　　　G. 亲人朋友推荐　　H. 其他

　　4. 来我们酒店用什么样的交通方式？

　　A. 开车过来　　　　B. 坐公交车　　　　C. 坐出租车　　　　D. 步行

　　E. 其他

　　5. 我们酒店的卫生怎么样？

　　A. 干净　　　　　　B. 一般　　　　　　C. 脏

　　6. 饭菜的质量怎么样，是否符合您的口味？

　　A. 符合　　　　　　B. 勉强接受　　　　C. 不符合　　　　　D. 很难吃

7. 您对我们酒店服务人员的服务态度是否满意?

A. 非常满意　　　B. 满意　　　C. 一般　　　D. 不满意

E. 非常不满意

8. 您对酒店服务人员的服务效率是否满意?

A. 非常满意　　　B. 满意　　　C. 一般　　　D. 不满意

E. 非常不满意

9. 您对我们酒店周边的环境是否满意?

A. 非常满意　　　B. 满意　　　C. 一般　　　D. 不满意

E. 非常不满意

10. 您对我们酒店内部环境是否满意?

A. 非常满意　　　B. 满意　　　C. 一般　　　D. 不满意

E. 非常不满意

11. 您对我们客房的整洁舒适是否满意?

A. 非常满意　　　B. 满意　　　C. 一般　　　D. 不满意

E. 非常不满意

12. 您对我们客房的隔音效果是否满意?

A. 非常满意　　　B. 满意　　　C. 一般　　　D. 不满意

E. 非常不满意

13. 您对客房的设施设备方便有效是否满意?

A. 非常满意　　　B. 满意　　　C. 一般　　　D. 不满意

E. 非常不满意

14. 您对客房一次性用品的质量是否满意?

A. 非常满意　　　B. 满意　　　C. 一般　　　D. 不满意

E. 非常不满意

…………

工作梳理与指导

散客接待工作流程

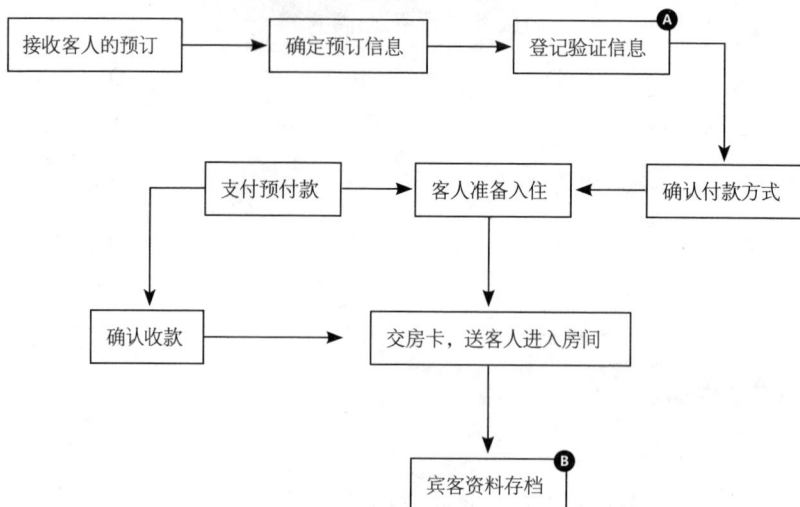

```
接收客人的预订 → 确定预订信息 → 登记验证信息 Ⓐ
                                        ↓
支付预付款 → 客人准备入住 ← 确认付款方式
    ↓            ↓
确认收款 → 交房卡，送客人进入房间
                  ↓
              宾客资料存档 Ⓑ
```

团队接待工作流程

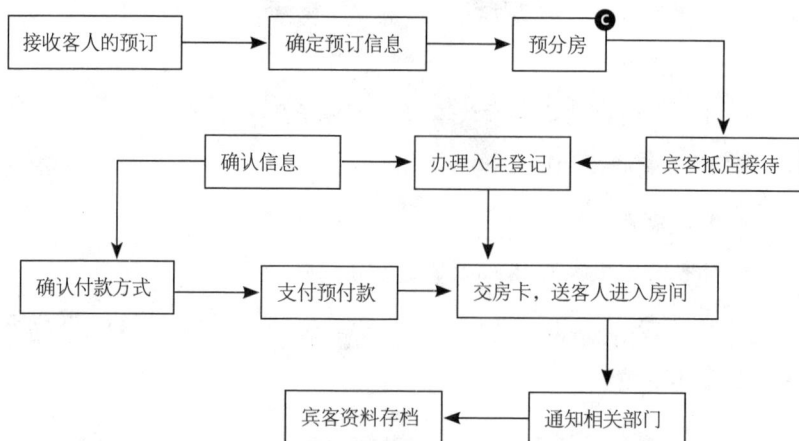

```
接收客人的预订 → 确定预订信息 → 预分房 Ⓒ
                                    ↓
确认信息 → 办理入住登记 ← 宾客抵店接待
    ↓          ↓
确认付款方式 → 支付预付款 → 交房卡，送客人进入房间
                                ↓
宾客资料存档 ← 通知相关部门
```

········· 按图索骥 ·········

❷ 酒店行业在为宾客办理入住登记时，需要实名入住，因此在前台工作人员为宾客确认入住信息后，还要对宾客进行身份验证，确认为本人入住。这么做，一方面是确保客人信息真实有效，另一方面也为宾客安全和酒店安全工作服务。

❸ 将宾客迎入房间后，服务人员的工作并没有结束，为了在发生紧急情况或突发事件时及时联系到宾客，前台工作人员需要对宾客的资料进行存档，妥善保存。不仅如此，该资料存档工作还能为酒店日后接待同一位客人提供参考依据，这样酒店方也能提高服务质量。

❹ 这里的预分房是指酒店前台接到团队订房需求后，在确定订房信息后为团队成员预先分配房间的工作。因为是团队入住，所以必然需要安排多个房间。预分房可有效避免团队抵店后再分房的低效率入住情况，提高宾客入住体验。

········· 答疑解惑 ·········

问：宾客要求我们帮助寻找其亲友或朋友时该怎么处理？

答：一般通过查询电脑或电话帮助寻找，同时需要详细询问被找宾客姓名、何时下榻酒店、被寻人与宾客的关系以及有什么事告知对方等。注意，经过联系和查询后，无论是否找到，都要及时给寻人的宾客回复，如果仍未找到，在表示已经尽力的同时也可留下宾客的电话号码，以便以后有消息可以及时通知到宾客。

问：宾客要求我们代办事项时怎么办？

答：①先判断代办事项是否能够代办；②对于能够代办的事情，在时间允许的范围内积极帮助宾客代办，问清楚待办事项的具体情况，如品名、数量、规格、颜色、形状和时间，交由专人负责代办；③为宾客代办事项要做到代办事项准、账目清、手续清、交办及时、送回及时、请示汇报及时。

问：当宾客交给我们代办的事项经过努力仍无法完成时怎么办？

答：①向宾客表达歉意，并耐心解释其中缘由；②主动为宾客提供解决办法或提出积极的建议；③在代办过程中如果遇到特殊情况，需要向当值主管或大堂服务处领班请示，协助处理问题。

问：当宾客提出咨询时我们难以回答怎么办？

答：①态度要诚恳，对于自己不懂、不清楚或者没有把握回答的问题，要请宾客稍候，向有关部门或负责人请教，或通过电脑查询后再回答；②如果宾客提出的问题比较复杂，一时半会儿没办法弄清楚情况，导致无法回答宾客，也要请宾客回房稍候，待弄清楚情况后会及时答复宾客；③经过努力也无法解答宾客的问题，也应给宾客回复，并耐心解释原因，向其表示歉意；④切忌使用"我不知道""我不懂""我想"和"可能"等词语答复宾客。

问：晚上有宾客打电话要求员工陪其聊天怎么办？

答：①委婉告知宾客自己的当班时间有很多事情要做，如果不能按时完成任务，会影响对宾客的服务质量，同时告知宾客如果聊天，将占用酒店的服务电话，会遭到其他宾客的投诉；②暗示周围的同事呼唤自己工作；③向宾客介绍并推荐酒店的娱乐场所或娱乐项目；④在与宾客通话时切忌强硬拒绝或流露出不耐烦、不高兴的语气。

问：被宾客呼入客房送物品时怎么处理更妥当？

答：①准备好所需的物品后，尽快赶往宾客房间门外；②先敲门，并做自我介绍"您好，×××"，接着询问宾客有什么事情需要帮忙，或者将送物品的事情告知宾客；③征得宾客同意后进入房间，这里要切记，不能关上客房房门；④将要送的物品送到后，再次询问是否还有其他需要帮忙的，待宾客确认没有其他需要后，尽快离开宾客房间，切忌在宾客房间逗留；⑤离开客房时要轻轻关上房门，并礼貌地说"打扰了"。

实用模板

VIP 客人接待申请表	酒店宾客满意度调查表	酒店散客预订单
VIP 客人接待通知单	酒店临时住宿登记表	酒店团队预订单
酒店宾客留言单	酒店前台交接班制度	酒店预订等候单
酒店预收款收据	酒店宾客档案的建立和管理规定	

第3章

酒店客房管理感受宾至如归

　　一般的酒店其主营业务就是客房销售，因此，客房管理是重点。服务水平和服务质量的高低直接影响酒店的营业收入，也会对酒店的客源产生一定的影响。所以，要做好酒店的客房管理，提升宾客的住房体验。

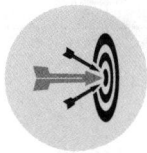

3.1 客房部人员配备与工作安排

要做好客房管理，酒店首先需要对客房部的岗位设置以及人员配备进行科学、合理的设置。服务需要人，客房管理离不开人的管理。

3.1.1 客房部岗位设计与工作职责

客房部在酒店运营中是一个重要部门，主要工作任务是为宾客提供一个舒适、安静且安全的住宿环境，并针对不同的宾客习惯和需求做好细致、便捷、周到且热诚的服务。

那么，为了更好地向宾客提供客房服务，客房部的岗位应如何设置呢？具体内容见表 3-1。

表 3-1　客房部的岗位设置及职责说明

岗　　位	职责简述
客房部经理	①监督、指导、协调全部房务活动，为住客提供具有程序化、系统化、制度化和专业化的优质服务 ②配合并监督客房销售工作，保证客房最大限度的出租率和最高经济收入 ③制订员工培训计划，合理分配和调度人力，检查部门员工的礼仪、礼貌、仪容仪表、服务态度和工作效率 ④与安保部门通力协作，确保住客的人身和财产安全 ⑤做好工作总结，促进本部门与其他部门之间的工作关系，提高本部门工作效率，建立客房部的完整档案管理体系 ⑥负责主管及领班的任免和奖惩提议 ⑦按时参加各种会议，并传达会议决议或决定，及时向领导汇报工作 ⑧拟定客房部全年工作计划、季度工作安排，提出年度酒店客房各类物品以及本部门内部所需物品的采购预算，组织本部门员工编制客房物品采购清单和客房部办公用品采购清单 ⑨组织和监督本部门员工做好其他与客房管理工作相关的事宜 ⑩完成领导交办的其他工作

续上表

岗 位	职责简述
客房部主管	分工比较细的酒店，客房部主管又会划分为楼层主管、房务中心主管和PA（即俗称的保洁员）主管，各主管岗位的职责是不同的 【楼层主管】 ①负责客房、公共区域和工作期间的日常抽查和检查，确保责任区域的清洁 ②负责楼层服务员的培训工作，指导新员工了解和掌握酒店的规章制度及工作程序 ③合理调配人力，科学排班，解决住客的投诉问题 ④控制好客房用品和清洁用品，定期检查并做好记录 ⑤监督房务人员做好客房家具设备和各种装置的检查工作，及时联系维修人员维修更换 ⑥处理当班期间楼层客房发生的问题，并及时汇报给客房部经理，同时完成领导交办的其他工作 【房务中心主管】 ①管理客房部各种资料文件，严格查阅交接记录，发现问题立即解决 ②监督接线员、客房服务人员，严格按照办公室管理规定及房务中心制度办事，协助楼层主管处理好住客的投诉问题 ③配合并协调楼层服务员和PA的工作，保证工作良好衔接 ④负责客房物品的登记工作以及房客遗留物品和赠品的交接与存放 ⑤配合并协调前厅做好房态核对和信息传递，配合并协调工程部工作保证维修及时且高效，配合并协调安保处做好安全消防以及夜班保卫工作 ⑥完成领导交办的其他工作 【PA主管】 ①负责酒店内外环境卫生，确保公共区域环境整洁无异味，无卫生死角 ②根据工作需要合理调配所辖员工，编制排班表，记录考勤，制订PA培训计划，保证PA正确使用化学药剂和清洁设备 ③负责领用保管的清洁用品，控制物耗、降低成本，同时检查PA的工作质量和效率，检查PA的仪表、礼仪 ④按时参加部门例会，汇报工作，同时向所辖员工传达并落实例会的各项决议、决定和通知，编写工作日志和交接班报告 ⑤负责所辖区域的防火工作和巡视，检查并保修所负责区域设备设施，确保其正常运作 ⑥负责住客意外事故的汇报和记录，检查并督导各项工作等

岗 位	职责简述
各类服务人员	【楼层服务员】 ①掌握所负责楼层的住客情况，为住客提供迅速、礼貌、周到、规范且专业的服务 ②管理好楼层定额物品，严格控制客用消耗品，防止浪费 ③配合经理和主管完成所负责楼层住客的各种要求等 【房务中心文员】 ①了解酒店的主要设施、服务项目、营业时间和服务电话等，熟悉电脑操作 ②接听住客的电话，答复住客的咨询或要求，及时向有关部门反映相应的情况并做好记录 ③与其他部门建立良好沟通并传达信息 ④做好上下班次的交接工作，具体包括重要事宜、房卡、钥匙、报表以及服务台用品，尤其还要注意 VIP 客人的客房情况 ⑤协助部门做好服务工作，做好楼层设备的维修和保养记录，出现故障时及时通知工程部检修 ⑥其他事务 【PA】 ①忠于本职工作，严格执行工作流程和操作规程，负责职责范围内的地面、墙壁、木器、烟盅、植物和员工通道的清洁工作 ②认真执行经理的指示安排和交付的任务，清点上一个班次清洁工遗留的清洁用品和其他物资，保证完好等

规模比较小的酒店，可能不会专门设置房务中心主管，由客房部经理领导的客房部主管或楼层主管负责文件资料以及日常工作的处理。当然，酒店内部各部门、各岗位的名称及工作职责一般都会写入员工手册，包括客房部在内。实务中，为了节约成本，方便管理，规模不大的酒店可适当整合客房部岗位和员工配备，争取不浪费人力资源。

3.1.2　各岗位工作流程管理

酒店规范化的管理必然涉及流程化的工作，员工按流程办事，可以明确各自的责任，同时尽可能减少工作中出错的概率。下面就来看看客房部的一些常见岗位的工作流程管理。

（1）客房部经理的工作流程管理

客房部经理的工作主要包括参加酒店的有关会议、主持客房部的有关会议、查看相关报表以及工作检查等。具体如图 3-1 所示。

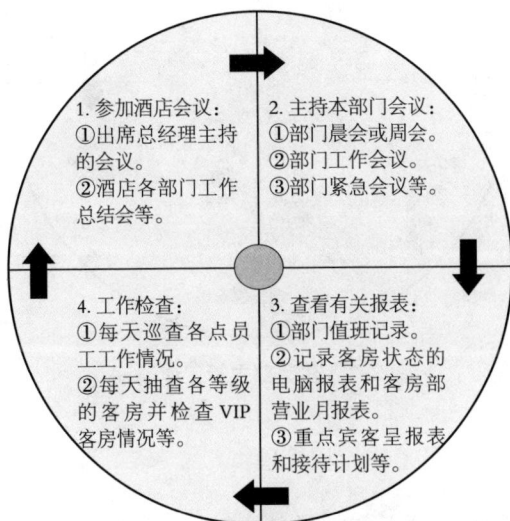

图 3-1　客房部经理工作流程

注意，客房部经理的工作检查流程中，还包括日常对物品供应和消耗情况的检查，努力降低消耗，帮助酒店控制成本。

客房部经理通过工作检查这一工作步骤，及时发现客房部管理工作存在的问题，在参加下一次酒店会议时提出来，以寻求解决之法。

（2）客房部主管的工作流程管理

客房部主管的工作包括向客房服务员布置当天的任务和传达上级做好的工作安排、查房、检查楼层、检查服务员工作完成情况以及执行客房部经理交给的其他任务。大致可概括为如图 3-2 所示的工作流程。

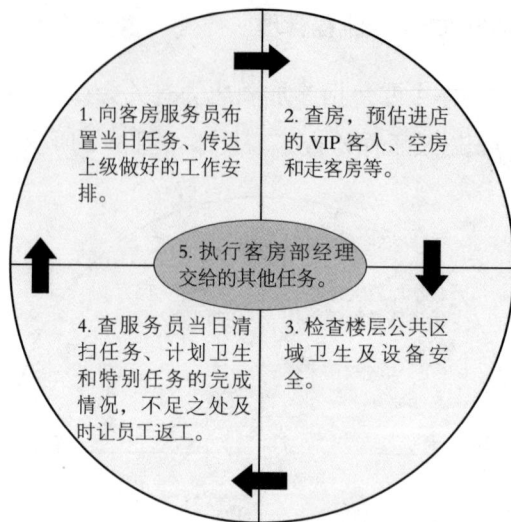

图 3-2　客房部主管工作流程

（3）客房部服务员工作流程管理

客房部服务员的主要工作就是负责管辖区域的清洁卫生以及设备设施的安全、完好。其一天的工作如图 3-3 所示。

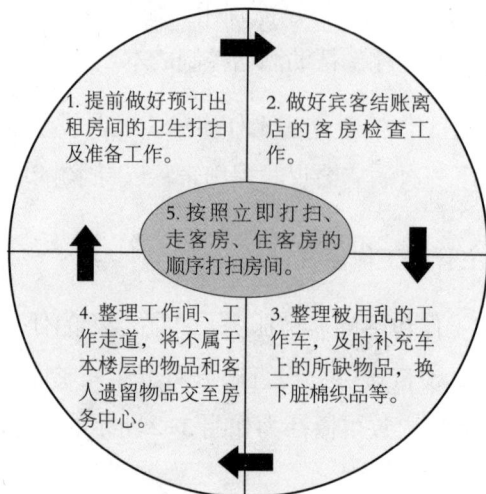

图 3-3　客房部服务员工作流程

　　当然，在客房部服务员的工作流程中，这些工作内容在一天之内可能重复循环进行。另外，第二步的检查宾客结账离店的客房的工作可能发生在任何工作时间段内，只要接到有宾客结账离店，就应尽可能地立即检查相应的房间，以避免宾客有遗留物品而宾客已经离店，引发后续多余的工作。

　　在实际工作中，由于存在很多临时的工作或突发的状况，很难百分百保证一直都按照相应的工作流程执行，各岗位工作人员应灵活应对，在不改变大致工作流程的前提下，将重要的、紧急的事情优先处理，不那么重要或不紧急的事情延后处理，以免耽误住客的时间甚至给住客造成损失。

3.2　客房管理的重难点

　　也许很多人认为酒店前厅部的工作是最庞杂的，但客房部的管理工作其实并不比前厅部的少。要尽可能地做好客房管理，不仅是要重视细节，还要抓住管理中的重难点，有针对性地加强管理。

3.2.1　客房服务项目管理

　　在客房管理工作中，首先要明确客房服务具体的项目有哪些，服务的标准是怎样的。这样才能确保工作没有遗漏，向住客提供的服务是全面到位的、规范的。客房服务的一般项目，见表3-2。

表3-2　客房服务的一般项目

客房服务项目	简　述
迎接客人	对于重要的宾客，客房部要组织员工进行迎接
清洁房间	清洁房间是客房服务项目中主要的工作内容，包括进（房间）→撤（脏的床上用品）→铺（干净的床上用品）→洗（撤下来的物品）→抹（脏污的地方）→补（缺少的物件）→吸（灰尘）→检（查）等

续上表

客房服务项目	简　述
洗衣服务	酒店根据自身工作规范的规定，在特定时间收集宾客需要换洗的衣物，并做好房号、件数、所用口袋、洗涤类型等信息的记录，防止衣物洗好后被送错，给宾客带去麻烦，同时还要向宾客说明衣物什么时间可以送回客房
叫醒服务	接到宾客的叫醒服务要求后，要再三确认房号和时间，并做好相应的记录，然后告诉酒店的总机房或房务中心。这样做是要防止叫醒服务不及时或者叫错宾客，给宾客带去损失的同时也给其他宾客造成了打扰，影响宾客对酒店客房服务的好印象。除此以外，还要对叫醒无效的情况进行记录，比如是客人已外出，或者客人睡得太沉等
加床服务	加床服务即增加床位的服务。一般在接到宾客的加床请求后，立即向宾客提供该项服务，有时是宾客已经入住，有时是宾客还未入住。具体如何处理按照客房部相关工作规范执行。要注意的是，加床服务的发生会相应地发生增加房内相关低耗品和备品的数量
送餐服务	客房部的送餐服务大致有两类：一是宾客在客房内，要求将餐食送到客房内食用；二是宾客不在客房内，在酒店大餐厅就餐后又订了餐食要求送到客房内待食用
转房服务	转房服务即宾客要求从当前房间转到另外的房间，涉及当前房间的退房和转入房间的入住登记等工作，而对于客房部来说，发生转房服务就需要对转出客房进行查房，看是否有客人遗留物品或者借用物品尚未归还等
小整理服务	小整理服务通常指客房部服务员在住客外出以后，应住客要求对其房间进行简单的整理，目的是使住客回到房间时有焕然一新的感觉。该服务大致上包括拉开窗帘、整理客人的床铺、清理桌面、烟缸、纸篓内和地面上的垃圾杂物，以及简单清洗并整理卫生间，更换客人使用过的浴巾、杯具等，补充房间茶叶、热水和其他用品
查退房服务	即客人退房后，由客房部组织人员检查住客的酒水消费情况，检查布草、物品有无损坏，有无遗留物品等
问询服务	问询服务是指客房部接收到宾客的问询，从而对其问询的内容做出答复的服务

除了表3-2中的这些常见的客房服务项目，一些酒店还会有具有特色的客房服务项目，如送欢迎茶服务、麻将服务、保姆服务、开夜床服务和免费擦鞋服务等。

要促使客房部服务员更标准、规范地开展自己分内的工作，就可以制定客房部工作规范。

实用范本 客房部工作及服务规范

一、仪表仪容和礼节礼貌

（一）着装、仪态要求

当班的客房工作人员必须按规定着装，服装完好整洁，穿戴整齐，仪容端庄，仪表整洁，合乎员工手册的要求。

（二）职业道德要求

当班的客房工作人员，都应具有文明礼貌的职业道德，做到礼貌待客，见到客人主动问好，礼让先行；同客人交谈亲切和蔼，落落大方，语气温和，语言清晰，既不懈怠漠视、漫不经心，也不过分亲热、随便谈笑；为客服务主动热情，想客所想，急客所急，体贴入微；向客告别要说"谢谢"和"再见"。

二、宾客入住

（一）房间准备

1.按接待要求布置客房，达到总台抵店客人通知单上的布置要求。

2.房内清洁达到客房卫生质量标准；各种设施设备完好有效；各类用品齐全，完好无损，摆放规范、整齐。

（二）客房检查

实行当班员工自我检查，领班全面检查，主管重点检查，部门经理巡视抽查的客房四级检查制度，保证客房质量符合客人入住要求。

（三）服务准备

1.根据抵店客人通知单上的抵达时间，提前做好迎宾准备和提供香巾和茶水等服务。

2.及时通知客房中心和总台从积累的客史档案中了解客人的习性和爱好，主动做好工作。

（四）饮用水和冰块供应

1.客房保证 24 小时供应冷热饮用水及冰块。

2.客人要求提供茶水或冰块时，要保证在 5 分钟内送入客房。

（五）会客服务

1.客人来访，必须征得住客同意后方能引领访客进入房间。

2.客人要求加椅和提供茶水服务时，应保证在 5 分钟内提供服务。

3.访客离开后，及时入房收回椅子和茶具，并对客房做快速整理。

（六）收送客衣服务

1.每天清扫客房时，要及时收取客人放入洗衣袋并已填好洗衣单的客衣；如在其他时间接到客人需要交洗客衣的要求，应在 5 分钟内前往收取。

2.收取和送交客衣时，应按照收送客衣流程，做到操作规范，符合要求。

（七）借用物品服务

1.客人需要借用物品时，如在借用物品之列，应在 10 分钟内将客人所要借的物品送进客房，并向客人说明使用方法。

2.如需借用会议、办公用品和餐具等，应与前厅、餐饮等有关部门联系，并请有关部门直接与客人接洽，帮助解决。

3.借出的物品按客人约定时间收回，借出和收回的物品均应检查完好情况，并做好登记。

（八）看护婴儿服务

1.客人提出看护要求，应准确记下客人的房号、姓名以及要求看护的婴儿的情况及时间，同时准确地向客人介绍收费标准。

2.按照"看护婴儿服务流程"操作，做到服务规范，无差错。

（九）其他小服务

1.擦鞋服务。

（1）发现客人将要擦刷的鞋子放在房门中，应及时收取；接到客人电话时，在 3 分钟内前往收取鞋子。

·············

3.2.2 客房设施设备管理

在学习管理客房设施设备前，先要了解哪些属于客房设施设备。

常见的客房设施设备有：床、床头柜、床头灯、软座椅、茶几或小圆桌、电水壶、落地灯、行李架、写字台、梳妆凳、小冰箱、电话、壁橱、吸尘器、电视柜、电视机、窗帘、卫生间设施设备、床上用品、熨斗和地毯等。

其中卫生间设施设备又包括浴缸、马桶、云台、镜子、浴帘、毛巾架、毛巾、脚巾、地巾和浴巾等。床上用品包括床单、毛毯、枕头、枕套和床罩等。

不同规格的客房，所配置的客房设施设备一般是不同的。

客房设施设备的管理，处理日常的清洁、保养工作外，还包括设施设备故障检修和更新等。

对于客房的设施设备管理，酒店一般将其纳入整个酒店设施设备管理制度中进行规范。

实用范本 客房设施设备维护保养制度

第一条 中心空调的保养

1. 中心空调要注重在使用时不能让水溅到开关上，否则会导致漏电，造成触电事故。另外，假如空调在使用过程中发出了异常的声响，应立即关闭电源，通知工程部进行检查和维修。

2. 中心空调由专人负责管理与操作。做到定期对鼓风机和导管进行清扫，每隔3个月左右对进风过滤网进行一次清洗，定期对电机轴承传动部分加注润滑油。

第二条 电器设备的保养

1. 电视的保养。

（1）将电视机放置在光线直射不到的地方，因为暴晒会加快电视机显像管的老化速度，甚至机壳开裂。

（2）避免将电视机放置在潮湿的地方，同时要注重防止酸、碱等气体的侵蚀，以免引起电视机的金属件生锈或是元件断裂，从而导致电视机接触不良。

（3）清扫客房时，要用干布擦去电视机外壳上的灰尘。

（4）电视机不用时，要用布将其罩住，以免灰尘落入，做到定期用软毛刷清除机内的灰尘。

（5）在天气比较潮湿的雨季，由客房服务员将电视机每日通电一段时间，以散发的热量来驱除潮气。

（6）客房服务员应尽量避开常常搬动电视机，以减少意外事故的发生。

2. 室内其他电器设备的保养。

对于室内的其他电器设备，如各种照明的灯具的保养，常常用干布擦拭，电源要防潮，保证插座的牢固等。对于室内的电话，也要常常用干布进行擦拭，并定期用酒精消毒。

第三条　木器家具的保养

对于室内的木器家具，进行每周除尘工作，保持其清洁光亮。另外要注重防潮、防水、防蛀和防热。

1. 防潮。木器家具受潮后容易变形、腐烂，因此客房一定要常常通风，保持干燥。

2. 防水。与防潮的道理一样，客房的木器家具也要注重防水。否则会使家具的漆面起包，甚至是发霉。因此，应格外小心不能让水溅到家具表面，假如不慎溅到了，应该立即予以清除。

3. 防蛀。放置樟脑丸或喷洒药剂来防止蛀虫在木器家具中繁殖。

4. 防热。阳光的照射会导致木器家具颜色减退，因此，房间内的窗帘在一般情况下都要拉上。

第四条　卫生设备的保养

客房内的卫生设备，在清扫客房时应勤洗勤擦，保持其清洁与光泽。在清洗时，要注重选择正确的清洁剂，要选用中性的清洁剂，不能使用强酸或强碱的清洁剂等，因为后者会对浴缸、洗脸盆等设施的釉质造成损伤，破坏瓷面的光泽，另外还会腐蚀下水道。

第五条 门窗的保养

门窗的保养主要注重以下两点。

1. 服务员在雷雨天或是刮风时应注重关好客房的窗户，以防止摔坏玻璃或是雨水进入房内。

2. 平常开关窗户时应养成轻开轻关的习惯。

第六条 墙面的保养

酒店客房的墙面如使用的是墙纸，要做到对墙面的保养，有以下几点需要注意。

1. 为了保证墙面的清洁，每15天对墙面进行吸尘一次，日常保持对墙面的清洁。

2. 在对墙面进行大清洁时，应在清洁之前先用湿布在小块墙纸上擦一下，查看墙纸是否掉色，而后再确定是用水清洁还是用膏型的去污剂。

3. 假如有天花板漏水等现象，应及时通知工程部前来维修，以防止墙面脱落或是发霉等。

第七条 清洁设备的保养

客房清洁设备的价格都不低，并且常常使用，其保养就显得格外必要，保养工作做得好，可以控制客房的经营费用。

3.2.3 客房卫生清洁管理

对酒店来说，酒店卫生清洁管理也是一项非常重要的工作。卫生做得好不好，清洁工作到不到位，直接影响住客对酒店服务质量的判断和评价。

酒店客房卫生清洁工作主要包括客房常规清洁卫生、客房计划清洁以及公共区域清洁卫生等。

（1）客房常规清洁卫生

酒店客房的常规清洁卫生是客房服务员每天必须完成的例行卫生工作，

通常包括以下五方面。

◆ 房间物品整理

客房服务员要按照自家酒店的规定和统一标准，整理并铺设客人的床铺，同时还要整理客人用过后放乱的物品、用具和酒店衣物。但要注意，不整理客人放置的私人衣物和用品。

◆ 打扫除尘

客房服务员的打扫除尘工作大致包括地毯除尘，擦拭门窗、桌柜、灯罩和电视机等家具设备，倒掉烟灰缸中的烟灰和纸篓里的垃圾。

◆ 更换及补充用品

客房服务员应按照酒店的规定，并结合住客的要求，更换客房内的床单、枕套、面巾、浴巾和地巾等棉织品，同时还要按标准铺床，补充用品和一次性消耗品等物件。

◆ 擦洗卫生间

擦洗卫生间的工作内容包括擦洗脸台、水龙头、浴缸和马桶等卫生洁具，擦洗四周瓷砖及地面，擦亮各种金属挂杆等。

◆ 检查设备

客房服务员在做客房清洁卫生工作时，还要相应地检查某些设备是否处于正常工作中，如水龙头、抽水马桶、灯具、电视机、电吹风和音响设备，同时还要检查床、衣柜等家具是否有损坏。

客房服务员每天在开始进行客房卫生清洁工作前，需要先签到并领取客房钥匙，然后在了解了房态的情况下，自行确定清扫顺序，如先打扫总台指示要尽快打扫的房间，然后打扫客房门上挂有"请速打扫"牌的房间，接着就是打扫走客房、VIP 房和其他住客房，最后打扫空房。但要注意，如果酒店经营处于旺季，则空房的打扫要排在第一位，以便尽快交给前厅部对外出租。

在确定了清扫顺序后，客房服务员就要准备房务工作车了，将卫生清洁工作需要用到的工具和材料都放置在工作车上，同时做好各类物品的区分，以提高清洁工作的效率。最后就是要检查自己的着装是否整齐洁净，包括服装、工作牌、头发、饰物、鞋子、围裙等。

客房清扫的基本方法要牢记六种，每种方法适用的清扫内容不同，见表 3-3。

表 3-3 客房清扫的不同方法及适用项目

清扫方法	适用的清扫项目
从上到下	擦洗卫生间和用抹布擦拭物品的灰尘
从里到外	进行地毯吸尘和擦拭卫生间的地面
旋转清理	擦拭和检查卫生间及卧室的设备用品
干湿分开	擦拭不同的设备和物品的抹布应严格区分干湿类别
先卧室后卫生间	一般应先清扫住客的卧室，再对卫生间进行清洁打扫
注意墙角	墙角之处最易停留污物和杂物，更易滋生细菌，因此清扫时需要特别注意

至于客房清洁卫生的验收标准以及具体的清扫工作，各酒店可在自家酒店的客房清洁卫生管理办法或制度中进行明确，这里不作单独介绍。

（2）客房计划清洁

客房计划清洁工作类似于客房定期清洁工作，比如要求客房服务员每天大扫除一间客房，或者规定每天对客房中的某一区域进行大扫除，又或者是规定每季度或年度对酒店所有客房进行大扫除等。

换句话说，客房计划清洁工作实际上就是客房的周期性清洁工作，对于这类客房清洁卫生工作的管理，主要从工作安排、工作检查和工作安全问题等方面入手。

◆ 客房计划清洁工作安排

酒店客房部应将周期性的客房清洁卫生计划表粘贴在楼层工作间的告示栏内。

◆ 客房计划卫生的检查

针对客房计划清洁卫生工作，客房服务员每完成一个项目，需要填上完成的日期和本人的签名，由楼层主管根据相应的表格记录进行工作质量的检查。

◆ 客房计划卫生的安全问题

由于客房的计划卫生工作基本上都是清洁大扫除，因此可能会涉及一些高空作业，如通风口、玻璃窗和天花板等。在开展这类工作前一定要提醒客房服务员注意安全，防止各种工伤事故。

（3）公共区域清洁卫生

酒店的公共区域分为酒店外部和酒店内部两个区域，酒店外部公共区域包括广场、停车场、绿化带、外墙和车道等。很显然这些区域的清洁卫生不归客房部服务员负责。而酒店内部公共区域又分为前台区域和后台区域，其中后台区域的清洁卫生工作通常由客房部一并负责，如楼层公共区域和楼层之间的公共区域、电梯等。

而除了客房区域以外的餐厅、后厨等清洁卫生工作，可划归到酒店的餐饮服务与卫生管理子系统中。

3.2.4 客房订餐管理

具备一定规模的酒店通常都会向宾客提供客房订餐服务。通常，客房订餐服务就是宾客在客房内向房务中心或餐饮部打电话预约餐食，餐饮部接到宾客要求后准备好相应的餐食送至宾客居住的房间。另外还可能涉及宾客正在酒店餐厅内用餐，同时又请求餐厅将其他食物送至客房内待食用的服务。后一种更倾向于餐饮部工作内容，而酒店客房服务与之协调完成。

在客房订餐管理工作中，需要注意的点主要有两个，一是送餐及时，二是餐食新鲜卫生。

送餐及时。要做到送餐及时，不仅要"快"，还要"准"。快是指餐饮部在接到客房内宾客的用餐订单后，要在保证质量的前提下尽快出餐；准是指餐食准确、时间准时，切忌送错餐食或者送餐时间延迟。宾客是直接向餐饮部订餐，还是通过房务中心向餐饮部订餐，就根据酒店管理系统的设置，按流程执行。如果是通过房务中心向餐饮部订餐，则可能增加餐食运送时间不准的概率，此时房务中心就要在接到宾客的订餐要求后及时与餐饮部取得联系，并督促餐饮部尽快出餐。

餐食新鲜卫生。餐食是否新鲜卫生，直接影响宾客对酒店餐饮服务的评价，严重时还可能威胁宾客的健康，给酒店经营带来极大的负面影响。所以，酒店餐饮部不能因为宾客不在餐厅就餐就放松对餐食的质量管控。

从流程来看，客房订餐的处理流程大致可分为两种。

①宾客打电话订餐→餐饮部接收订单→餐饮部准备餐食→餐饮部送餐→进入宾客房间交餐→祝宾客用餐愉快→安静退出客房→宾客打电话要求收餐具→餐饮部派人收餐具→退出客房→将餐具送至餐饮部后厨待清洗、消毒。

②宾客打电话订餐→房务中心记录订餐信息→向餐饮部传达订餐信息→餐饮部准备餐食→餐饮部通知客房部取送餐→进入宾客房间交餐→祝宾客用餐愉快→安静退出客房→宾客打电话要求收餐具→客房部派人收餐具→退出客房→将餐具送至餐饮部后厨待清洗、消毒。

关于客房订餐管理，酒店也可以单独制定相关工作规范，来明确服务流程和标准。下面来看一家酒店制定的客房送餐服务流程与规范。

实用范本 客房送餐服务流程与规范

一、接受预订

1. 接受房内用餐预订时，订餐员应在电话铃响 3 声之内接起电话，礼貌地向客人问好。

2. 问清客人的姓名、房号、订餐内容、送餐时间及特殊要求，并适时向客人推荐介绍。

3. 重复客人的具体要求和订餐内容，得到客人确认后，告诉其等候时间并向客人表示感谢。

4. 迅速填写好订单并将订单交送餐员。

二、准备工作

1. 送餐员接到订单后，根据时间要求及时将订单送至厨房或酒吧。

2. 根据订单内容准备餐车或托盘、口布、餐具和餐巾等，准备好账单及签字用笔。

3. 取回食物与酒水后，迅速将热菜盖上保温盖或放到保温炉中保温。

4. 检查菜品是否按照其要求制作，保证质量符合酒店的相关标准。

5. 根据食物的类型和客人要求，将菜品和饮料整齐地摆放在餐车或托盘上。

6. 核实账单内容，将无误的账单放入账单夹内。

三、送餐进房

1. 送餐员使用酒店规定的专用电梯进行客房送餐服务。

2. 走到客房门前，确认客人的房号准确无误后，有节奏地敲门，并报"送餐服务"。

3. 待客人开门后，向客人问好。征得客人同意后，进入客房，把餐车或托盘放到适当的位置并征求客人对摆放的意见。

4. 按照客人的要求摆好餐具及其他物品，将账单夹用双手递给客人，请客人签字。

5. 询问客人是否需要其他服务。若客人不再需要其他服务，应请客人慢用，然后退出客房，将门轻轻地关上。

6.回到餐厅后，立即将账单交给收银员结清，并请订餐员作好记录。

四、收餐

1.订餐员检查订餐记录，看是否到收餐时间（早餐为30分钟后打电话收餐；午、晚餐为60分钟后打电话收餐）并确认房间号码。

2.致电给客人，称呼客人并介绍自己，询问客人是否用餐完毕，能否到房间收餐，并通知送餐员到客房收餐。

3.送餐员收餐完毕后，立刻通知订餐员，订餐员做好详细记录。

4.若客人不在房间，送餐员请客房服务员开门，及时将餐车和餐具等取出。

5.若客人在房间，收餐完毕，询问客人是否还有其他要求。若没有，礼貌地向客人道别。

3.2.5　做好住客退房检查工作

为了保障酒店自身的财产物资安全，同时也为了保证住客的财产安全，酒店客房部应做好住客退房检查工作，以期及时发现住客遗留的物品或者被住客损坏的客房设施设备等。

客房部开展住客退房检查工作时，一般的流程如下所示。

①接到退房通知，客房服务员必须立即到房间检查。

②先对主卧进行检查。查床头柜台面、打开床头柜抽屉、翻开床上布草、打开梳妆台和电视柜抽屉、打开衣橱等家具设备，看是否有住客遗留物品，看床底、窗帘背后、窗台上、墙身插座上以及保险柜中是否有住客遗留的物品，包括查看保险柜是否为关闭状态。同时根据客房设施设备的标准配置，检查是否有设施设备或物件遗失或损坏。

③接着检查卫生间。打开卫生间里所有的柜门，检查是否有住客遗留物品，同时还需要检查酒店配置的设施设备以及物品是否有遗失和损毁。当然，比较小型的酒店可能是公用卫生间，此时就不涉及单独的检查卫生间的工作。

④然后检查客卧、书房。看床头柜台面、书桌和衣橱的抽屉、洗衣篮、床底、窗帘背后、窗台上、墙身插座上是否有住客遗留物品，同时检查这些设施设备和物品是否有遗失或损毁。如果没有客卧或书房的，省去该步骤。

⑤再检查客厅。拉开电视柜抽屉和柜门、书架柜门，拉起所有沙发坐垫，检查沙发底部和背后等，检查看是否有住客遗留物品，同时检查这些设施设备及物品是否有遗失或损毁。

⑥查储藏室。推开储藏室的门，检查是否有客人遗留物品。同理，若没有储藏室，该步骤不存在。

⑦查厨房。一般针对长住房会有厨房的配置，检查时需拉开所有橱柜门和抽屉，还要打开冰箱门，看是否有客人遗留物品，同时检查厨房的设施设备及物品是否有遗失或损毁。

知识扩展 客房退房检查工作如何避免漏检

在客房检查工作中，为了避免漏掉检查项目，可同时将所有的抽屉、柜门等打开，待检查完整个客房后，再巡查一遍，看是否有遗漏的地方，然后再全部关上。这样做可在再次巡查时看是否有抽屉和柜门没有打开，从而查漏补缺。

⑧如果有住客遗留物品，要第一时间电话通知房务中心，以便及时通知住客取回；或者待房务中心与前台或营销部沟通处理。如果房务中心没有处理通知，则当天一定要将住客遗留物品尽快交到房务中心做备案记录，尤其是贵重物品要立即交到房务中心登记。如果有住客损毁的设施设备或物品，也应第一时间通知房务中心，以便及时做好协商赔偿处理。

另外，客房部在开展退房检查工作时，有下列三点注意事项需重视。

①如果检查时住客仍然在房间，检查人员应立即离开，并通知房务中心。切忌在客房内打电话汇报情况。

②不能让住客知道检查人员在门外等候检查退房，这样会给住客一种催他（她）离开的感觉，会对酒店在住客心里的印象大打折扣。

③如果检查退房时刚好遇到住客正要离开，应礼貌地向住客道别，并欢迎住客下次再次光临。

规模较大的酒店，因置办的设施设备和物品较多，所以需要有专门的客房退房检查工作规范来指导客房服务员做好退房检查工作。而规模较小的酒店，可能就是在员工手册中进行简单说明。下面来看一个简单的查退房工作规范。

实用范本 查退房工作规范

为了规范化、制度化和统一化作业行为，使退房检查人员的工作有章可循，提高工作效率和责任感、归属感，特制定本规范。

一、目的

保护酒店及客人的财产不受损失。

二、原则

及时、快速、准确。

三、查退房工作程序

1. 准备好所要退客房的房号、退房时间、房间增加或减少的物品，以及客人入住时的要求。整理好相关内容，确认到人去查房。

2. 楼层服务员应在接到客房服务中心通知查房的房号或客人要求退房时，立即检查。

3. 若遇到"请勿打扰"或反锁的客房，应立即电话通知前台或客房服务中心，请示客人是否可以检查房间。如果不能，及时将未能查房的信息反馈给服务中心和前台，确保房态无误。

4. 查房时，应先确认房号，按规定敲门，并按规定顺序检查。

5. 检查客人是否还有遗留物品，如果有，应及时送还；如果不见客人，应及时通知前台和客房服务中心。检查时需特别注意衣柜里是否还有住客的衣物，卫生间、枕头底部和抽屉里等是否还有住客遗留物品，保险柜是否被锁住等。

6. 检查客房的状况和住客在客房的消费情况，主要包括：

①客房设备用品是否受损坏，如电话、电视、遥控器、沙发、椅子和衣柜等。

②客用棉织品是否丢失或缺少，是否有污迹，如毛巾、浴巾和浴袍。

③客用品是否被客人带走或损坏后扔掉，如水杯、烟缸、衣架和服务指南。

④检查冰箱、酒篮内所配饮料有无消费，检查完毕后将冰箱门、柜门关好。尤其要注意饮料和小酒瓶的拉环和保险环是否有打开。同时还要检查数量以及饮料和酒水是否被住客调换。

7. 通知前台收银处，报查房的房号，房间消费的名称、数量和金额，自报工号并询问收银员工号，记录在查房表上。无论有无消费，查 3 ~ 5 间房时，应立即通知前台收银处。同时有几个人查房时，应及时询问收银员还有哪些房未检查，确保查房的准确性。

8. 及时告诉服务中心房间已查询完毕。若有消费时，应报给客房服务中心做好记录，包括房号、消费物品的名称、数量、金额和收银员工号等。

9. 查房完毕，及时把电器开关关掉。

10. 及时填写好吧单、客赔单，到前台收银处入账。

11. 主动热情地向客人问好，欢迎客人再次光临。若客人需要帮助，应主动帮助客人。将客人送到电梯口，代为按下电梯按钮，目送客人离开，等电梯合上门后方可离开。

四、查房时间规定

散客房每间查房时间应在 5 分钟内；团队房每间查房时间为 3 分钟。否则，责任自负。

酒店的客房退房检查工作不能马虎，否则不仅可能会损害酒店的经济利益，也可能损害住客的利益，从而导致酒店声誉受损。

3.3 其他与住客相关的管理

酒店除了要围绕宾客提供周到的客房服务，对于与宾客有关的其他事务也要一并纳入管理范围，如住客的来访人员管理、客人遗留物品的处理以及客房内用电安全管理。

3.3.1 住客的来访人员管理

对酒店来说，无论是散客还是长住客，都要考虑到有客人来访的情况。当住客的客人来访时，酒店也需要提供相应的服务。

如果有酒店宾客的来访人员，大堂服务部或前台通常需要按照如图3-4所示的工作流程处理。

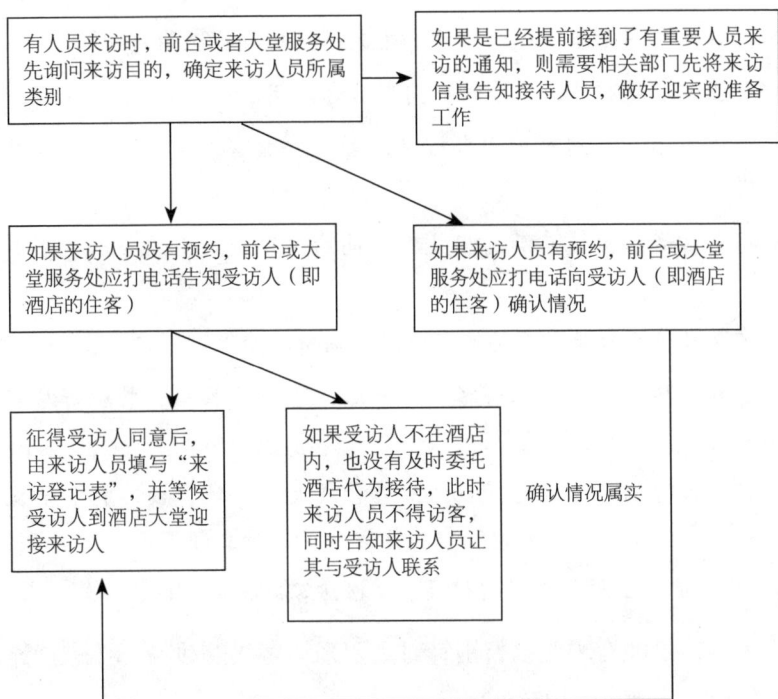

图 3-4 酒店来访人员的处理流程

有些酒店会专门针对住客的来访人员管理，制订相应的访客工作程序。下面来看某个酒店制订的简单的客房访客工作程序。

实用范本 酒店客房访客工作程序

为了规范化、制度化和统一化客房访客工作，使人员管理工作有章可循，提高工作效率和责任感、归属感，特制订本工作程序。

一、征得客人同意

在征得客人同意后，方可引领访客前往，在住客不在房间时，绝不允许访客在房间等候。

二、根据客人要求，及时提供服务

1.接待来访者，应热情礼貌，先请其说明待访者的姓名、房号、有无预约，并且登记。

2.礼貌地请来访者稍候，打电话给待访客人，说明有关情况并听其意见。

3.得到住客同意后，先向来访者致歉，然后领往至该房间。

4.若住客不愿相见，应委婉地向来访者说明。

5.若住客不在，则可询问来访者是否需要留言，但绝不可让来访者在房间等候。

6.将来访者领至该房后，应礼貌地询问住客是否需要茶水、毛巾或椅子等。

7.若会客时间较长或人员较多，应根据情况为客人送水。

8.会客完毕后，应在征得客人同意后，尽快地收拾、整理好房间，以便客人休息。

9.若会客时间超过规定，应通知总台或大堂经理，由其打电话礼貌地提示该房住客，发现在会客过程中的异常情况，应立即汇报上级。

10.服务员在工作单上做好记录，包括访客的抵离时间、房号和人数等。

实务中，可能有酒店会特别针对重要来访客人的接待工作进行详细说明，具体根据各酒店的规定处理。

3.3.2 客人遗留物品的处理办法

在本章的 3.2.5 节的内容中已经简单了解过客人遗留物品的处理办法了，实际上，客人遗留物品的处理工作并不复杂，但需要按照一定的规定和流程执行。

一般来说，酒店在处理宾客的遗留物品时，当发现有宾客遗留物品，应立即向房务中心汇报情况，并将宾客遗留的物品交到房务中心统一管理。房务中心与前台或宾客取得联系后，及时告知其遗留物品的事实。

如果宾客还未离店，应尽快将房务中心保管的宾客遗留物品送交到宾客手中；如果宾客已经离店，则房务中心需要按照相关规定进行后续的宾客遗留物品处理工作，如将宾客的物品寄送给宾客，或者征得宾客意见由宾客自行返回酒店取走。

为了规范酒店对客人遗留物品的处理工作，可以根据需要制定相应的处理办法。下面就来看看某家酒店制定的酒店客人遗留物品处理办法。

实用范本 酒店客人遗留物品处理办法

为了规范化、制度化和统一化酒店客人遗留物品的处理工作，使管理工作有章可循，特制定本办法。

一、楼层服务员查房时如发现任何物品（不是酒店的物品，是客人的）应送到服务中心的，必须将房间号码、物品名称、客人姓名清楚地登记在失物招领记录本上，同时做好失物招领卡，保证一物一卡、有记录。物品登记时，必须要将物品的数量、大小、颜色和形状详细记录清楚。

二、所有一般物品应锁在客房部遗留物储存柜内。

三、贵重物品（价值 500 元以上的）做好记录后，马上通知 AM（大堂经理）需转 AM 保存，由 AM 在失物招领记录本上签字，AM 将贵重物品保存在前台保险柜中，服务中心文员要做好记录。若是价值不清的物品，通知 AM，由其进行鉴定，该物品是否保存服务中心或做其他处理，同时在失物招领记录上做好记录，以备查。AM同意保存在服务中心的贵重物品，必须存放在保险柜内。当服务员报有客人遗留物品时，文员要马上通知AM联系客人认领。

四、领取或移交的物品，必须有客人或AM的签字，若是客人领取物品，必须在失物招领卡上填写有效的证件号码或是可以联系到的电话号码。

五、遗留物品由客人或楼层服务员领取后，必须要求在失物招领卡和失物招领记录上签字确认。服务中心文员必须妥善保管每张失物招领卡片，以备查。

六、遗留物品若是衣物时，应将衣物整理之后文员再做保存。

七、服务中心文员每月复查遗留物品登记本，按规定清理一批库存的L/F，并与前台主管及时沟通，核销记录。

八、在物品发放前把具体发放的物品清单复印一份提供给保安部存底。

九、发放遗留物品时，必须由服务中心文员与楼层主管进行账务核对后，再进行发放。遗留物品超过3个月无人认领时，就转发给物品的拾到人；贵重物品超过6个月以后无人认领的，由总经理按酒店业惯例适当安排处理，并在失物招领记录相关人签字。

十、保存在服务中心的遗留物品如有丢失，由服务中心文员照价赔。

十一、无人认领的遗留物品处理。

（一）处理规定。

1. 水果、食品、已开瓶的酒水：两天后无人认领，则发放给拾物者所有，或者扔弃。

2. 药物：两周内无人认领，则请示部门经理核准后扔弃。

3. 一般物品、普通衣物：3个月后无人认领，则发放给拾物者所有，或者扔弃。归拾物者所有后，由部门开具出门条，员工方能将物品带出酒店。如未开封的丝袜、低质化妆品或小礼品。

…………

3.3.3 客房内用电安全的管理

客房内的用电安全管理也包括在客房管理中，当然，整个酒店的安全管理中也可能会说明客房用电安全管理。实务中很少对客房内用电安全的管理制定单独的管理制度或办法，大多包含在客房管理或者酒店安全管理制度中。下面节选某酒店消防安全管理制度中关于用电安全的管理规定进行展示。

（七）用火、用电安全管理

1.用电安全管理：

（1）严禁随意拉设电线，严禁超负荷用电；

（2）电气线路、设备安装应由持证电工负责；

（3）各部门下班后，该关闭的电源应予以关闭；

（4）禁止私用电热棒、电炉等大功率电器。

....

（十一）燃气和电气设备的检查和管理

1.应按规定正确安装、使用电器设备，相关人员必须经必要的培训，获得相关部门核发的有效证书方可操作。各类设备均需具备法律、法规规定的有效合格证明并经维修部确认后方可投入使用。电气设备应由持证人员定期进行检查(至少每月一次)。

2.防雷、防静电设施定期检查、检测，每季度至少检查一次，每年至少检测一次并记录。

3.电器设备负荷应严格按照标准执行，接头牢固，绝缘良好，保险装置合格、正常并具备良好的接地，接地电阻应严格按照电气施工要求测试。

4.各类线路均应以套管加以隔绝，特殊情况下，亦应使用绝缘良好的铅皮或胶皮电缆线。各类电气设备及线路均应定期检修，随时排除因绝缘损坏可能引起的消防安全隐患。

....

工作梳理与指导

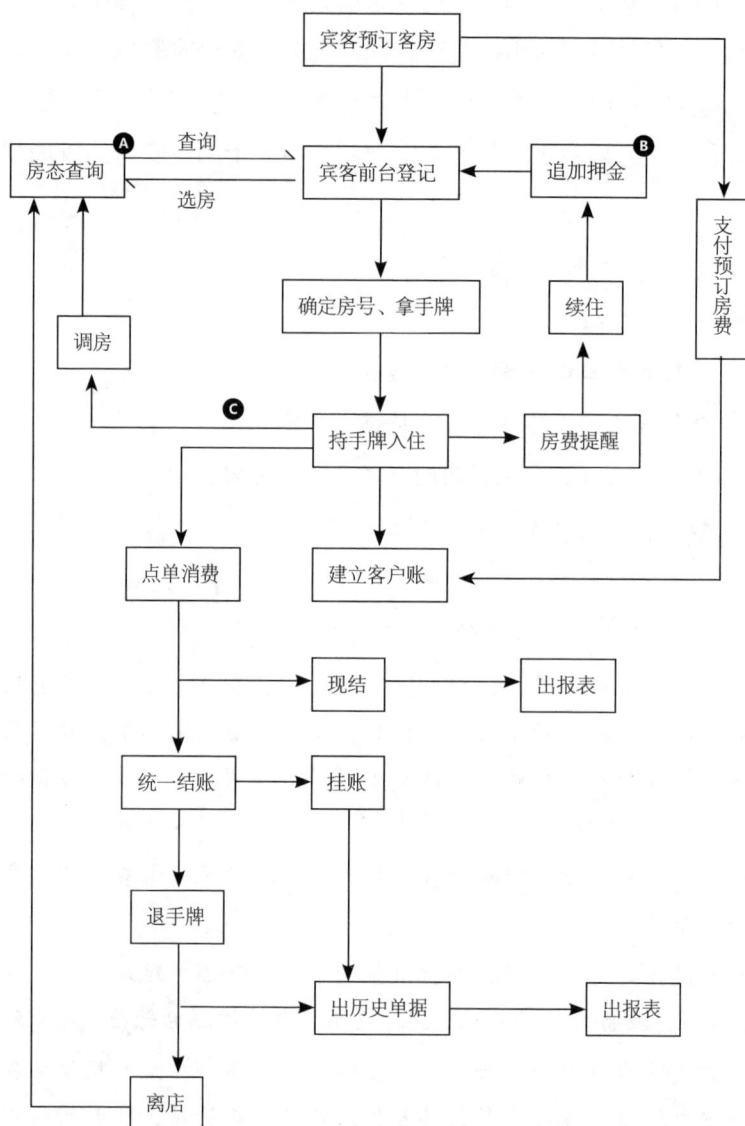

```
                        ┌──────────────┐
                        │  宾客预订客房  │
                        └──────────────┘
                                │
            查询                 ▼
┌────────┐────────▶┌──────────────┐        ┌────────┐ Ⓑ       ┌──────┐
│ 房态查询 │ Ⓐ       │  宾客前台登记  │◀───────│ 追加押金 │         │支付  │
└────────┘◀────────└──────────────┘        └────────┘         │预订  │
     ▲        选房          │                    ▲             │房费  │
     │                      ▼                    │             └──────┘
     │              ┌──────────────┐        ┌────────┐
  ┌──────┐          │ 确定房号、拿手牌 │        │  续住  │
  │ 调房 │          └──────────────┘        └────────┘
  └──────┘                  │                    ▲
     ▲            Ⓒ         ▼                    │
     │              ┌──────────────┐        ┌──────────┐
     └──────────────│   持手牌入住   │───────▶│ 房费提醒  │
                    └──────────────┘        └──────────┘
                      │        │
            ┌─────────┘        ▼
            ▼              ┌──────────────┐
      ┌──────────┐        │  建立客户账   │◀──────────┘
      │ 点单消费  │        └──────────────┘
      └──────────┘
            │
            ▼        ┌────────┐      ┌────────┐
            ├───────▶│  现结  │─────▶│ 出报表 │
            │        └────────┘      └────────┘
            ▼
      ┌──────────┐   ┌────────┐
      │ 统一结账  │──▶│  挂账  │
      └──────────┘   └────────┘
            │             │
            ▼             │
      ┌──────────┐        │
      │  退手牌  │         │
      └──────────┘        │
            │             ▼
            │      ┌──────────────┐    ┌────────┐
            ├─────▶│  出历史单据   │──▶│ 出报表 │
            │      └──────────────┘    └────────┘
            ▼
      ┌──────────┐
      │  离店    │
      └──────────┘
```

按图索骥

A 房态管理是客房管理的重要组成部分，涉及最多的工作就是房态查询，通过查询，可以为宾客安排房间并办理入住登记；而宾客选房间时也需要通过房态查询来确定可选房间。另外，如果涉及客人调房，也需要进行房态管理，查询有哪些房间可供调换；最后，宾客离店后，房间空出，也要进行房态管理，增加空房数，通过房态查询，统计酒店的各种房态间数。

B 宾客入住酒店后，很可能因为续住而需要追加押金，追加押金实际上相当于预存房款。酒店一般会在宾客预付房费快要用完时向宾客发出房费提醒，从而向宾客确认是否需要续住，如果需要，则向宾客追加押金，并做好相应的续住登记。

C 预订客房的宾客，在抵达酒店后，前台工作人员确认宾客信息，向宾客确定房号并发放手牌后，宾客可能会因为自身需求而选择换房，此时前台工作人员需要根据房态信息确定宾客是否有换房的可能，如果有，就为宾客办理换房手续，重新确定房号并发手牌，宾客凭新的手牌入住。

答疑解惑

问：客人入住后要求保密他的房号和姓名，该怎么处理？

答：①接待员在电脑系统中对客人的入住信息进行相应的修改，使之不被查询；②通知客房部服务中心以及其他部门对该房间信息保密，并在交班工作表中注明。

问：客人有贵重物品不愿意让酒店保管，怎么办？

答：告知客人根据相关法律的规定，客人有贵重物品时，酒店对贵重物品负有保存责任。应耐心劝说客人放心将贵重物品保存于酒店的保险柜中，并按规定承诺物品如有丢失，会得到相应的赔偿。

问：客人投诉叫醒电话未叫醒，怎么办？

答：①向客人道歉；②调查原因，看是机器故障还是人为原因，并立即采取措施处理，以免再次遭到客人投诉而扩大事态；③如果由于叫醒电话确实没有叫醒而给客人带来了损失，应根据情况由酒店或负责叫醒服务的当事人给予赔偿。

问：客人声称将房间钥匙遗留在房间内而让客房服务员为其开门时，怎么处理？

答：①客房服务员应先询问客人姓名并对应查看其住宿登记和住客的有效身份证件；②确认客人身份后再为其开门。

答疑解惑

问：客人反映洗涤质量不好而拒不付洗衣费，还要索赔，怎么办？

答：①立即与洗衣部或洗衣房联系，说明客人衣物存在的问题；②重新处理，直至客人满意；③如果确实属于洗衣部或洗衣房的问题而导致衣物无法恢复原貌，则视情况请示有关领导给予免交洗衣费的处理，或进行相关赔偿事宜；如果是由于客人没有如实告知衣物洗涤的注意事项而导致衣物无法恢复原貌，应向客人说明情况并视情况确定是否给予赔偿。

问：如果发现入住客人是被通缉对象，该怎么处理？

答：①客房服务员或接待员保持镇定，请客人办理登记并先让其入住；②待客人离开前台或服务员离开客人房间后，立即通知保安部处理；③保安部根据相关法律、制度的规定，联系有关部门。

问：客房钥匙丢失怎么办？

答：①立即检查钥匙丢失的原因；②采取必要的措施及时处理，以保证客人的生命财产安全。如客房部经理亲自查找钥匙丢失原因，并报告客房部值班人员，更改 IC 卡密码，修改电脑程序，督促客房服务员做好相关记录。

实用模板

酒店房态表	客房布草送洗记录表	客房交接班记录表
酒店客房卫生管理规定	客房查退房表	客房叫醒服务记录表
酒店客人遗留物品登记表	客房服务员每日工作表	客房部大清洁计划卫生一览表
客房质量检查表	客房房卡及钥匙领用归还登记表	

酒店管理

第4章

餐饮服务与卫生管理提升用餐幸福感

经营酒店，不仅要给宾客提供住宿服务，还会相应地提供餐饮服务，当然规模非常小的旅馆除外。酒店在为宾客提供餐饮服务时，不仅要注重餐饮服务本身的质量，还要重视餐饮服务涉及的卫生管理问题，要为宾客的饮食安全做好全方位的保障，提升宾客的用餐幸福感。

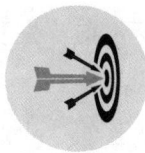

4.1 餐饮服务管理要规范标准

酒店的餐饮服务是餐饮部门工作人员为就餐宾客提供食品、饮料等一系列行为的总称。而餐饮服务项目主要包括提供精美可口的菜品、周到的服务以及舒适的用餐环境。

酒店餐饮服务的提供者是构成酒店餐饮部的主要人员，不同规模的酒店，其餐饮部的组织结构显然是不同的，如图 4-1 所示的是一般的中型酒店餐饮部的组织结构，仅供参考。

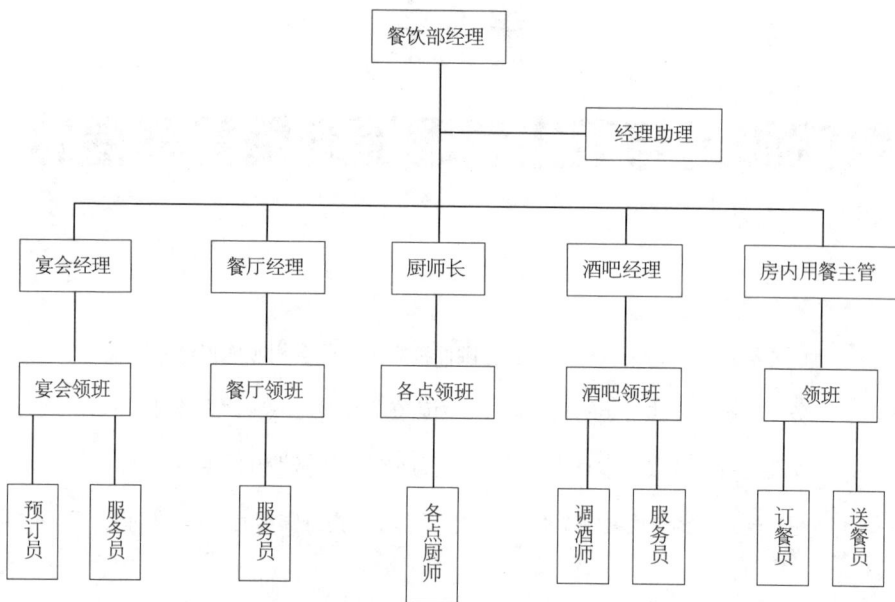

图 4-1　中型酒店餐饮部组织结构

4.1.1　制定餐饮服务质量标准

酒店在制定餐饮服务质量标准前，先要明确餐饮服务可能涉及的具体项目，大致上可分为两大类，见表 4-1。

表 4-1　餐饮服务的两大类项目

类　别	具体服务项目
普通服务项目	①中餐早餐、正餐服务 ②中式宴会服务 ③西餐早餐、正餐服务 ④西餐宴会、冷餐会、鸡尾酒会服务 ⑤自助餐、自主正餐服务 ⑥会议服务 ⑦酒吧服务等
特殊 / 特色服务项目	①客房就餐服务 ②外卖服务 ③主题庆祝活动等

为什么酒店需要制定餐饮服务质量标准呢? 因为餐饮部在酒店经营管理中占有重要地位, 制定餐饮服务质量标准就能更好地指导餐饮服务人员向宾客提供高质量的餐饮服务, 从而提升酒店在宾客心中的形象, 为酒店迎来回头客打好基础。

那么, 制定酒店餐饮服务质量标准从哪些方面入手呢?

(1) 餐饮服务人员的要求

对酒店餐饮服务人员的要求主要体现在思想素质、业务素质、能力素质和身体素质这四个方面, 具体内容见表 4-2。

表 4-2　餐饮服务人员的素质要求

素质要求	具体要求
思想素质	①树立正确的服务观念, 要有热忱的服务精神, 主动、热情、耐心、周到 ②要有高尚的职业道德, 真诚、客人至上、文明礼貌、不卑不亢、廉洁奉公、信誉第一 ③要具有良好的组织纪律, 团结协作、顾全大局、遵守纪律、服从安排、同事之间友好相处等

续上表

素质要求	具体要求
业务素质	①应熟练掌握专业操作技能，比如，如何快速且准确地为宾客点单，如何协调后厨的出餐速度和宾客的需求，如何了解宾客的真实需求等 ②应熟练掌握各种服务礼节：问候、称呼、迎送、应答、操作以及仪表等方面的礼节 ③应具备良好的文化素养，要对自己的工作内容有深刻的认识和了解，要不断地丰富自身的业务知识
能力素质	①要有随机应变的能力，不仅能迅速发现问题，还能客观地分析问题并果断地解决问题 ②要有基本的推销能力，能适时地向不同类型的宾客推荐适合他们的餐饮服务 ③要有不错的语言能力，能和宾客进行顺利的沟通，能通过交流了解到宾客的真正需求 ④要有观察能力、记忆能力和协作能力等，以便更好地辅助自己完成餐饮服务
身体素质	参与提供酒店餐饮服务的人员，必须具备健康的体魄、敏捷的思维、健全的心理、端庄的仪表和良好的个人卫生习惯

（2）餐饮服务本身的要求

酒店餐饮部要能向宾客提供优质的餐饮服务，比如高质量的实物产品、高质量的劳务服务和高质量的设备设施等。

①高质量的实物产品：具体要从食品的卫生、营养、色泽、香气、味道、形态、质感、盛器和温度等方面制定相应的标准。

②高质量的劳务服务：主要从餐饮服务人员的技能以及服务技术等方面入手制定标准。

③高质量的设备设施：酒店餐饮部制定服务质量标准时，不仅要从人和事方面着手，还要考虑物的标准。一般对就餐所用的设备设施也要有相应的采购标准和使用标准。如选择什么质量的餐盘、刀叉和水杯等。

（3）就餐环境质量标准

宾客入住酒店，在氛围好的就餐环境中会提高食欲，不仅能增长宾客的用餐幸福感，而且还可能为酒店餐饮部创造额外的收入。

通常来说，酒店内部的就餐环境应做到安静、优雅、空气清新、灯光柔和；就餐环境能满足大部分人的不同需求，如双人桌、三人桌、四人桌和团队聚餐区；就餐区的卫生间应尽可能隐蔽，同时应配备相应的服务员专门为就餐宾客指路，这样避免就餐宾客在用餐时看见卫生间出入口而没有了食欲、丧失了用餐欲望。至于就餐区是否配备表演区，视酒店自身餐饮服务规划而定。

针对前述 3 个方面的餐饮服务质量标准，酒店可制定相应的餐饮服务质量标准管理办法。另外还要注意的是，在制订餐饮服务质量标准时，还要考虑餐饮部接到宾客投诉的处理标准。

下面来看看某酒店制定的餐厅服务质量管理标准。

实用范本 餐厅服务质量管理标准

一、餐厅卫生质量标准

1. 日常卫生

餐厅卫生每餐整理。天花、墙面无蛛网、灰尘，无污迹、水渍、掉皮、脱皮现象。地面边角无餐纸、杂物，无卫生死角。地面每日拖地不少于三次，整个地面清洁美观。门窗和玻璃无污点、印迹，光洁明亮。餐桌台布、口布污渍，整洁干净。门厅、过道无脏污、杂物，畅通无阻。

2. 餐具用品卫生

各餐厅餐具、茶具和酒具每餐消毒。瓷器、不锈钢餐具和玻璃制品表面光洁明亮，无油滑感。托盘、盖具每餐洗涤。台布、口布每餐更新，平整洁净。各种餐茶用具日常保管良好，有防尘措施，始终保持清洁。

3. 员工卫生

餐厅员工每年体检一次，持健康证上岗。员工勤洗澡，勤洗头，勤理发，勤换内衣，身上无异味。岗位服装整洁干净，发型大方，头发清洁无头屑。岗前不饮酒，不吃异味食品。工作期间不吸烟，不嚼口香糖。女服务员不论何种发型垂下长度不准过肩，不戴戒指、手镯、耳环及不合要求的发卡上岗。不留长指甲，不化浓妆，不喷气味过浓的香水。男服务员不准留长发，不准留长鬓角，员工个人卫生做到整洁端庄。

4. 操作卫生

各餐厅服务员把好各饭菜卫生质量关。工作前洗手消毒。装盘、取菜、传送食品使用托盘，盖具。不用手取拿食品，取冷菜使用冷盘，热菜用热盘。面包和甜品用托盘、夹子。保证食品卫生，防止二次污染。服务过程中禁止挠头、咳嗽，打喷嚏时，要用手遮掩口鼻。

二、餐厅铺台服务质量标准

1. 中餐便餐铺台

正式开餐前，摆好餐桌椅，准备好餐具，整理好餐厅卫生，依次铺台。做到桌面整洁、排列整齐，每餐餐具美观、规范，餐具之间距离符合标准。

2. 中餐宴会铺台

正式开餐前，整理餐厅台面，清理餐厅卫生。餐桌横竖成行，斜对成线，整齐美观。餐茶酒具摆放以座位为基础，美观大方。

3. 自助餐铺台

自助餐有设座位自助餐，菜台旁边的客用餐具摆放整齐，客人取用方便，菜台前面的客人取菜活动空间宽敞。开餐前10分钟布置菜台，摆放菜肴。菜点摆放有凉菜、热菜，从外向内顺序排列，各菜点疏密排列妥当，热菜、汤菜加盖。

三、中餐服务质量标准

…………

从案例展示的餐厅服务质量管理标准可以看出，服务质量标准的制定实际上就是对餐厅服务工作进行的规范。

4.1.2 做好餐饮服务质量的现场控制

现场控制是实时的，它不像做出的标准或规范要求。餐饮服务质量的现场控制要求餐饮服务人员有非常敏捷的现场应变能力，能在餐饮服务质量出现问题的当场就及时解决问题。

在酒店经营过程中，餐饮服务质量的现场控制工作主要涉及两个方面，一是后厨现场质量控制，二是餐厅就餐现场质量控制。后厨现场质量控制主要涉及菜肴烹制时间的控制、上菜时机的控制以及后厨人力控制等；餐厅就餐现场质量控制一般指宾客开餐期间的服务程序控制、上菜时机控制、意外事件的处理控制以及服务人员调配控制等。

总的来说，一切需要酒店餐饮部服务人员与宾客面对面完成服务的提供和接受的事项，都属于现场，都需要进行服务质量的现场控制。下面就来看看某酒店制定的餐饮服务质量现场控制规程。

实用范本 酒店餐饮服务质量现场控制规程

一、目的

为规范化、制度化和统一化作业行为，使酒店餐饮部人员能顺利开展服务质量现场控制工作，提高工作效率和责任感、归属感，特编写本规程。

二、含义

所谓现场控制，是指监督现场正在进行的餐饮服务，使其规范化、程序化，并迅速妥善地处理意外事件。

三、现场控制的主要内容

1. 服务程序的控制

开餐期间，餐饮部经理和餐厅主管应始终站在第一线，通过亲自观察、判断、监督，指挥服务员按标准服务程序服务，发现偏差，及时纠正。

2. 上菜时机的控制

首次斟酒、上菜，要请示客人，尊重客人的意见；在开餐过程中，要把握宾客用餐的时间速度、菜肴的烹制时间等，做到恰到好处，既不要让宾客等待太久，也不应将所有菜肴一下子全上桌，餐厅主管应时常注意并提醒掌握好上菜时间，尤其是大型宴会，上菜的时机应由餐厅主管掌握。

3. 意外事件的控制

餐饮服务是面对面的直接服务，容易引起宾客的投诉。一旦引起投诉，餐厅主管一定要迅速采取弥补措施，以防止事态扩大，影响其他宾客的用餐情绪。如果是由服务态度引起的投诉，主管除向宾客道歉外，还应为宾客更换一道菜。发现有喝醉酒的宾客，应告诫服务员停止添加酒精性饮料。对已经醉酒的宾客，要设法帮助其早点离开，以保护餐厅的气氛。

4. 人力控制

开餐期间，服务员虽然实行分区看台负责制，在固定区域服务。但服务员人数的安排要根据餐厅的性质、档次来确定（一般中等服务标准的餐厅或者餐桌，可按照每个服务员每小时能接待 20 名散客的工作量来安排服务区域）。一般来说档次越高的餐厅，服务水准要求越高，因此服务力量的配备就会越强。一些豪华包间，甚至需要两三名服务员执台，顶级的餐厅服务，还可能是一名服务人员服务一位客人。总之要根据餐厅的具体情况来配备服务人员，进行人力控制。

在经营过程中，主管还应根据客情变化，进行再分工。例如，某一位区域的宾客突然来得太多，就应从另外区域抽调服务人员支援，等情况正常后再调回原来的服务区域。

当用餐高峰期已经过去，则应让一部分员工走班休息，留下一部分人工作，到了一定的时间再交换，以提高工作效率。这种方法对于营业时间长的火锅店、茶厅和咖啡厅等特别必要。

总之，餐饮服务质量的现场控制工作具有很强的灵活性，即使专门制定了规程或者办法，也应具体问题具体分析处理。

4.1.3　餐饮服务与客房服务的对接工作

餐饮服务与客房服务的对接工作主要是指宾客的客房订餐服务。由于宾客人在客房内,享受着客房服务,同时又向酒店发出在客房用餐的服务请求,因此涉及餐饮服务。此时餐饮部的部分工作就与客房部的工作结合在一起。

由于在本书第 3 章的 3.2.4 节已经介绍过相关内容,这里只对在该项服务中餐饮部需要重视的问题进行介绍。

◆ 做好客房订餐服务的记录

虽然是客房订餐服务,但重点还是在餐饮服务上。通常来说,客房订餐服务的费用会直接记在宾客的客房消费上,因此,为了能协助酒店做好宾客的消费统计工作,餐饮部也应对接收的客房订餐服务做好详细的记录,以便日后查账时使用。如表 4-3 所示为某酒店制作的客房送餐记录表。

实用范本 表 4-3 客房送餐记录表

编号: 日期: 年 月 日

订餐人	房 号	送餐时间	收餐时间	菜品名称	送餐员	备 注

◆ 问清楚宾客的用餐喜好、禁忌和时间

如果是餐饮部直接接到客房内宾客的用餐要求,则直接与宾客确认其用餐喜好和禁忌,以便餐食不符合宾客口味而造成食物浪费;如果是餐饮部接到客房部转达的客房订餐服务,则应向客房部确认订餐宾客的用餐喜好和禁忌,并做好详细记录。

另外，对宾客要求的用餐时间也要做好记录，避免过早或过晚送餐到客房，尤其是一些对时间管理较严格的宾客，一旦送餐时间有误，会引发相应纠纷。

◆ 时刻准备好送餐的服务用具

餐饮部应时刻准备好送餐的服务用具，一旦接到客房订餐服务，就可以及时送餐，避免因服务用具准备时间过长而导致送餐延迟，进而遭到宾客投诉。送餐服务用具主要包括餐车、台布、托盘、餐具和账单夹等一般用具，其他用具则根据菜品的样式或宾客的要求准备，如刀叉、调料盅。

◆ 取到账单后再送餐

当餐食制作完成，送餐工作也准备就绪后，通知收银员开好账单，取到账单后再次核对账单内容，以确保账单与订餐内容相符。确认无误后，迅速将餐食送到订餐宾客的房间。

◆ 送餐至客房的过程中应注意的问题

首先，送餐员应走规定的线路，乘专用电梯；其次，送餐过程中如果遇到宾客，应主动打招呼并让路；最后，在送餐过程中要保持餐车、餐具的干净卫生，保证各菜品温度适宜。

◆ 餐食送入房间后要做的事情

送餐员得到宾客的应允并进入房间后，应征询客人的用餐地点，如客厅、卧室或者办公区等。另外，送餐员还需要按照客人的要求摆放菜品、酒水和饮料，之后礼貌地请客人签字确认账单。

◆ 沟通协作好客房送餐服务工作

在规定时间或接到宾客通知后，按照规定程序到宾客房间内撤台、收餐具，同时征询客人对用餐的意见或建议。如果需要客房楼层服务员收取餐具，应将开列的餐具品种和数量的送餐单递交给服务员，以便客房服务员在收取餐具时能进行明确的清点核对。

4.2　餐饮卫生管理

　　酒店餐饮服务关系着宾客的饮食安全，因此卫生工作必须抓好。在进行餐饮卫生管理时，要从餐食本身的卫生、餐饮服务人员的卫生、就餐环境的卫生以及用餐工具的卫生等方面入手。其中，餐食本身的卫生管理将在下一节内容中作详细说明，本节只对后3种卫生管理工作做介绍。

4.2.1　严格餐饮服务人员的卫生管理

　　餐饮服务人员是围绕客人用餐行为而向客人提供相应服务的人，会直接或间接地接触客人的餐点。试想一下，如果餐饮服务人员不注重自身卫生管理，很可能影响宾客所用餐点的质量，如头皮屑不小心掉进客人的餐点，有污渍的手在为宾客送餐时弄脏了餐点等。

　　因此，要提高酒店餐饮服务的质量，餐饮服务人员的卫生管理也很重要。通常，酒店在聘用餐饮服务人员时，最低要求是应聘者提供健康检查报告，要据此确认餐饮服务人员没有遗传病、皮肤病或其他不适合从事餐饮服务的疾病。然后根据酒店对餐饮服务人员的卫生管理要求，对服务人员制定专门的卫生管理规定或制度。

　　由于各酒店对餐饮服务人员的卫生管理要求大同小异，这里列举一些作为酒店餐饮服务人员绝对不能有的卫生问题，见表4-4。

表4-4　酒店餐饮服务人员绝对不能有的卫生问题

条　目	绝不能有的卫生问题
1	餐饮服务人员绝不能留长指甲，更不得涂指甲油、戴戒指
2	不能面对宾客的餐点打喷嚏、咳嗽
3	不能在餐点制作现场和运送途中吸烟
4	不得嚼槟榔或口香糖，不得随地吐痰

条　目	绝不能有的卫生问题
5	在为宾客提供餐饮服务时不能双手插在裤子口袋里
6	在为宾客提供餐饮服务时不能用手摸头发、抠耳朵等

总的来说，餐饮服务人员的卫生管理包括自身卫生管理和服务操作的卫生管理。下面来看某酒店制定的餐饮服务人员卫生管理制度。

实用范本 **餐饮服务人员卫生管理制度**

为规范酒店餐饮从业人员个人卫生管理，保障公众餐饮安全，根据《中华人民共和国食品安全法》《中华人民共和国食品安全法实施条例》和《餐饮服务食品安全监督管理办法》等法律、法规及规章，餐饮服务人员要遵循以下卫生管理制度。

1. 服务人员应养成良好的卫生习惯，随时保持整洁。

个人卫生坚持做到"四勤、三不、三要、四坚持"。

"四勤"：勤洗手剪指甲，勤洗澡理发，勤洗衣服被褥，勤换工作服。

"三不"：不准将非食品加工制作用品和个人生活用品带入操作场所；工作时不准戴戒指、项链、手链（镯）、耳环等饰物和涂指甲油；不准在操作场所吸烟、穿工作服进厕所及离开生产加工经营场所。

"三要"：上班时要穿戴整洁的工作衣帽，头发必须全部戴于帽内；加工制作冷菜等熟食品和配餐间操作时要戴口罩；直接入口食品要用专用工具拿取。

"四坚持"：坚持卫生操作规程，坚持公用物品消毒，坚持湿式清扫，坚持漱口刷牙防口臭。

2. 接触直接入口食品的操作人员在有下列情形时应洗手。

（1）处理食物前。

（2）上厕所后。

（3）处理生食物后。

（4）处理弄污的设备或饮食用具后。

（5）咳嗽、打喷嚏或擤鼻子后。

（6）处理动物或废物后。

（7）触摸耳朵、鼻子、头发、口腔或身体其他部位后。

（8）从事任何可能会污染双手的活动（如处理货项、执行清洁任务）后。

3. 非接触直接入口食品的操作人员，在有下列情形时应洗手。

（1）开始工作前。

（2）上厕所后。

（3）处理弄污的设备或饮食用具后。

（4）咳嗽、打喷嚏或擤鼻子后。

（5）处理动物或废物后。

（6）从事任何（其他）可能会污染双手的活动后。

4. 个人衣物及私人物品不得带入食品处理区。

5. 不得在食品处理区内吸烟、饮食或从事其他可能污染食品的行为。

6. 进入食品处理区的非加工操作人员，应符合现场操作人员卫生要求。

4.2.2 打造舒适卫生的餐饮环境

酒店的就餐环境应给宾客舒适的感受，然而现实中很多酒店的就餐环境连最基本的卫生条件都达不到，更别提舒适度了。仔细想想，如果酒店的就餐区有蟑螂，不仅影响客人的食欲，也很难保证客人的餐食没有被脏物污染，严重时可能给宾客带去健康问题，甚至人身损害。

酒店就餐环境中的卫生管理工作一定要引起重视，要尽最大可能保障宾客的用餐安全。然后在此基础上提升就餐环境的舒适度。

一般来说，餐饮环境卫生管理主要是指酒店餐厅环境卫生管理，包括整个餐厅卫生管理和餐厅配套卫生间的卫生管理。最基本的卫生标准见表4-5。

表4-5　酒店餐厅及配套卫生间的卫生管理标准

区　域		卫生标准
酒店餐厅环境	地面	无纸屑、烟头、烟灰、水迹、油污、食物残渣，无残缺、裂缝的地砖，无鼠迹、鼠粪、蟑螂，呈现地砖本色
	地毯	无油污、口香糖，无折皱、破烂，呈现地毯本色
	桌、椅、墙裙	无污迹、油渍，无孔洞、裂缝，无划痕、灼伤痕，牢固平衡、摆放整齐，符合餐桌布局标准
	柱子、墙面、天花板	无孔洞、裂缝、蜘蛛网，无划痕、污迹、油渍，无脱落，无其他色彩污染
	餐具	如牙签、茶壶、暖瓶、小勺和小碗等，保持无水迹、无杂物、无破损、无油渍
	持件	保持无水迹、无油渍、无灰尘、无破损
	工作柜表面和台面	无水迹、无油渍、无灰尘，物品摆台规范且无水迹、油渍和灰尘
	空调外壳	无灰尘、无水迹，使用正常
	垃圾桶和清洁用具（盆、桶）	保持干净，无异味、无水迹、无垃圾，套好垃圾袋
酒店餐厅配套卫生间	墙面、地面、天花板	表面光洁，墙面无水迹，地面无积水，天花板无脱落，地面无纸屑
	洗手台台面、镜面、水龙头表面	光洁，无水迹、皂迹、锈迹，无漏水、滴水
	干手器、皂液压取器	器具完好，无污迹，使用正常
	马桶、便池	表面干净，上下水畅通，无污垢、无异味
	排风设备	运行良好，通风口无积尘；地漏畅通，无虫害，无异味

如下所示的是某酒店制定的餐厅环境卫生管理办法。

实用范本 餐厅环境卫生管理办法

餐厅是客人用餐的场所，餐厅的卫生状况是客人感受餐饮卫生的重要窗口，其留给客人的印象，对于客人形成餐饮消费的认可度和重要程度至关重要。

一、餐厅的环境卫生在酒店服务中的意义

人们的食欲往往受进食环境，食品的色、香、味、形等感官性质的影响，如果就餐环境清洁卫生，食品的色、香、味、形好，会增强用餐者的食欲和就餐的情绪，满足人们饮食及相关的心理需求。

餐厅是客人就餐的场所，其装饰、设施的清洁程度和维修状况对于食品经营的卫生管理和酒店的整体形象都至关重要，因为顾客对饭店的全部体验就在餐厅，他们对于餐桌、座椅、地面的清洁有时是挑剔的，这些往往在宾客心中会留下第一印象，这些地方每次开餐之前和结束后都需要仔细清洁。

餐厅的布置应根据餐厅的大小、墙壁的面积，可布置得优美典雅，或清新悦目，有条件的情况下还可以摆上鲜花来使人心情愉悦，并且要准备进餐人洗手及挂衣架等设备。餐厅日常卫生工作要做到经常化、制度化、规格化、责任化。

二、餐厅的卫生管理

1. 服务员的洗手卫生要求。

餐厅服务员在有下列情形时应洗手：①开始工作前；②处理食物前；③上厕所后；④处理生食物后；⑤处理弄污的设备或饮食用具后；⑥咳嗽、打喷嚏后；⑦处理动物或废物后；⑧触摸耳朵、鼻子、头发、口腔或身体其他部位后；⑨从事其他任何让双手被污染的活动。

2. 餐厅摆台卫生要求。

台面是筵席的构成要素，摆台卫生是筵席卫生的重要内容，而餐饮器具的卫生是摆台卫生的基础。正式摆台前，必须对所用的餐饮器具进行必要的卫生检查，托盘、桌面必须干净；台布、餐巾必须清洁，不得有破损现象；餐具、酒具要求经过清洗消毒处理。服务员在摆台前必须清洗双手，保证双手的清洁卫生。

摆台要求规范快捷，餐具、酒具应用托盘托拿，不允许用手直接抓拿，更不允许将手指伸入杯碗内夹拿，以防止手印留在器具内侧，从而影响餐饮器具的美观和卫生。餐巾应折花放入杯中或折叠整齐放于碟盘上，并摆列整齐，不得弄脏。所配备的餐巾纸必须符合卫生要求，只能一次性使用。在不分菜的餐桌上必须摆设公用筷和公用勺，以保证进食的卫生。

摆台完毕后，应再次认真细致地进行检查，查看桌面、台布以及餐具器皿等是否符合卫生要求。若有不符合卫生标准的，应及时更换，以保证台面的卫生质量。

3.餐前服务卫生要求。

…………

三、餐厅环境卫生要求

1.保持餐厅内外环境整洁、卫生。

2.保证餐厅内餐具洗刷设施和洗手设施运行良好、水量充足。

3.每餐后及时采用湿式清扫法，迅速清扫餐厅内卫生。

4.保持餐桌及各台面清洁、无污垢。

5.各下水口一定要畅通，且有防鼠隔网。

6.定期进行室内空气消毒。

7.夏秋季保证餐厅内产生的垃圾装入密闭的容器内倒掉。

8.及时将餐厅内产生的垃圾装入密闭的容器内倒掉。

该餐厅环境卫生管理办法从餐厅服务卫生和餐厅设施卫生等角度对卫生要求进行了规范说明。实际经营过程中，各酒店需根据自身餐厅的涉及情况制定必要的卫生管理规定。

4.2.3　用餐工具的卫生管理要重视

在前面的餐饮服务卫生管理内容中，或多或少已经涉及过用餐工具的卫生管理问题。对于用餐工具的卫生管理，通常会在餐厅环境卫生的管理规定中进行相关说明。

不同的酒店对其用餐工具的卫生管理标准是不同的，但一些基本的卫生标准必须达到。

◆ 中餐和西餐的餐具必须分类

中餐的餐具一般包括：骨碟、面巾碟、饭碗、汤碗、面碗、汤勺、调羹、勺托、筷架、筷子、水杯、白酒杯、啤酒杯、温酒器、茶杯、茶碟、各式热菜盘、鱼盘和汤盘等。

西餐的餐具一般包括：刀叉勺、沙拉碗或沙拉盘、主餐盘、侧餐盘、黄牛刀、汤勺、甜品勺或叉、水杯、红酒杯和香槟杯等。

◆ 勤换餐具

勤换餐具包括两类，一是定期更换，二是不定期更换。定期更换时，每次更换的数目大致为总餐具数的30%左右；不定期更换指有损坏就更换，如某个茶杯有了缺口，是一定要立即更换的。

◆ 餐具的清洗标准

餐具消毒前，应先将餐具洗净，用热水或碱除去油垢，以使消毒效果更好。

洗涤餐具时可用普通的自来水或使用含洗涤剂的水溶液。由于水难以去除污垢和油垢，因此在单用水洗涤餐具时，最好使用热水并加以压力喷射等措施，以提高洗涤效果。

而洗涤剂水溶液虽然能有效洗涤油污和其他污垢，但它也容易吸附并残留在餐具上，人长期与其直接或间接接触，即使残留量很少，长年累月也会对人的机体产生不良影响，所以，必须最低限度地减少洗涤剂在餐具上的残留量，常见的方法是使用洗涤剂后及时用流动的清水进行冲洗。

◆ 餐具洗涤后应保持的状态

酒店餐具洗涤后，应无油渍、水渍，无缺口、裂纹。餐具的消毒标准应符合国家的卫生标准。

◆ 按规定存放餐具

清洗好的餐具抹擦干净后，分类摆放到规定的餐具摆放处，以便营业时及时取用。同时，放置餐具的环境应做好卫生管理。

大型酒店储备的用餐工具可能非常多，如果没有相应的管理规范或制度作指导，则卫生管理工作可能会非常混乱和复杂，因此很多这类酒店会对用餐工具的卫生管理专门制定管理办法或制度。

4.3　后厨及食品卫生安全管理

对于酒店来说，后厨是餐饮服务人员直接接触宾客将要食用餐点的场所，也是制作餐点的主要区域。该区域的卫生条件如果不符合要求，油渍到处都是，蔬菜、肉类乱放，灶台脏污，都很容易滋生细菌，进而污染宾客将要食用的餐点，给宾客造成不适甚至危害健康。由此可见，酒店后厨及食品的卫生安全管理不容忽视。

4.3.1　定期进行后厨卫生检查

后厨内的餐饮服务人员每天非常忙碌，很可能忙起来就会忘记保持后厨的卫生标准，因此非常需要有监督机制对后厨及食品卫生安全进行必要的督查。无论是定期还是不定期，对后厨及食品卫生安全进行监督检查是非常重要的工作。

下面来了解酒店后厨卫生检查的一些基本标准，见表4-6。

表 4-6 酒店后厨卫生检查的基本标准

项 目		卫生标准
炉灶	灶台	无污垢、无杂物、无积水、无油渍，地沟无残渣，工具摆放整齐
	油烟罩	无污垢、无灰尘、无油迹，运转正常，接油盒定期清理
	地面	无明显污垢、无油渍、无积水、无杂物
	用具	无污垢、无油渍，调料有遮盖物
	照明	灯罩无缺损，无污垢，无黑灯现象
	墙面	无污垢、无脏污
切配粗加工	工作台	物品摆放整齐，无脏物、无积水
	冰箱	无污垢、无油渍、无积水，表面缝隙无脏物，生熟分开、标签朝外
	层架	无明显污垢、无积水，粗菜、细菜分类摆放整齐
	菜筐	无明显污垢、无破损、无泥土
	垃圾桶	无明显污垢、无异味、无油渍、无加盖，套垃圾袋
	地面	无明显污垢、无油渍、无积水、无杂物
	用具	无污垢、无油渍，毛巾无异味，砧板干净
	墙面	无污垢、无脏污
	水池／地沟	无垃圾、无杂物、无脏物
荷台	天花板吊架	摆放整齐，无脏物、无油渍、无杂物
	工作台	物品按位置摆放整齐，无脏物、无积水、无油渍
	调味品	按位置摆放整齐，无脏物、无积水、无油渍
	灶具	无污垢、无污迹、无积水、无油渍
	调味罐	无锈迹、无污迹、内无杂物
	餐具	无污垢、无积水、无油渍
	地面	无明显污垢、无杂物、无积水

续上表

项　目		卫生标准
凉菜区	冰箱	无积水、无污垢、无油渍
	工作台	按位摆放整齐，无脏物、无积水，餐具摆放整齐
	挂墙架	按位摆放，无杂物、无油迹、无水迹
	地面	无明显污垢、无油渍、无积水、无杂物
	墙面	无污垢、无脏物、无油渍
	用具	无明显污垢、无脏物、无异味
	餐具	无污垢、无油渍、无积水
	玻璃窗	无明显污垢、无油渍、无脏物
	微波炉	无明显污垢、无油渍、无脏物，不使用时及时断电
	消毒水	按比例调制，当日用当日调制，不浑浊、不得有米粒大小的杂物
上什	蒸箱	无污垢、无异味，箱体内无杂物
	工作台	按位摆放整齐，无脏物、无积水
	用具	无明显污垢、无脏物、无异味，用具摆放整齐
点心区	压面机绞面机	无污垢、无灰尘、无脏物，底座下面无杂物
	案面台	无灰尘、无污垢，表面缝隙无脏物
	挂墙架	按位摆放，无杂物、无油渍、无水迹
	保洁柜	按位摆放，无脏物、无积水、无油渍
洗碗间	消毒柜	柜内无积水、无异味、无污垢、无灰尘、无脏物
	层架	无明显污垢、无水迹、无脏物，按位摆放
	墙面	无污垢、无脏物、无油渍，标志或标识要完整、整洁
	保洁柜	按位摆放，无积水、无杂物、无污垢、无脏物
	地面	无杂物、无积水、无油渍、无明显污垢

续上表

项目		卫生标准
仓库	层架	无明显污垢、无灰尘，各类物品摆放整齐，且按顺序分类存放
	地面	无明显污垢、无油渍、无积水、无杂物
	物品	按位摆放整齐且贴明标签，无水迹，无三无产品，无脏物
	文件	摆放整齐，分类存放
其他	鱼缸	无污垢、无脏物、无明显杂物，常换水
	地面／墙面	无明显污垢、无杂物、无积水、无脏物
	用具	无污垢、无脏物，摆放整齐
	下水道	漏网处无垃圾堵塞，水位不高于通道的1/2，墙壁内侧无脏物、无污垢，盖板无污垢
虫鼠粪便		所有区域无老鼠和蟑螂，及其粪便

　　上表中的后厨卫生标准是酒店后厨卫生安全管理的基本要求，各酒店需根据自身经营情况，制定相应的后厨及食品安全管理制度或办法，以约束和规范后厨服务人员的操作。下面来看某酒店制定的后厨卫生食品安全管理制度。

实用范本 后厨卫生食品安全管理制度

　　为规范酒店后厨卫生及食品安全管理，约束员工的行为，建立正规操作流程，给用餐宾客提供更优质的餐饮服务，特制定本制度。

　　一、食品卫生

　　1.厨房工作人员有责任和义务生产出符合食品卫生要求的各类菜点，保证就餐客人的健康和安全。

　　2.厨房购进原料，在进行质量检验的同时，首先要对其进行卫生状况检查，确保进入厨房使用的原料新鲜卫生，并在有效的保质期内。

　　3.厨房在对原料进行加工生产的过程中，必须严格按生产规程、厨房食品原料储藏规范和厨房卫生管理规范的要求进行，准确把握菜点的成熟度，保证各类菜品符合卫生标准和其他质量要求。

4. 品尝食品菜点要用勺、筷，不得用手拿取；冷菜制作、装配必须严格按冷菜厨房卫生要求进行。

5. 用于销售的菜点成品，必须在尽可能短的时间内服务于宾客；服务销售过程中，必须用菜盖等对出品进行卫生保护，以防止生熟交叉污染，确保客人食用的菜点营养卫生。

6. 厨房用剩的各类原料及食品要随时进行相应的保藏，保证再生产及销售的卫生和安全。

二、食品安全管理

1. 确保冷冻食品在接收时处于零下 15 ℃以下的强冻状态，冷冻食品需包装完好无损。

2. 主副食品应分库存放，库房内不得有非食品或个人生活用品，不得存放杀虫剂、洗涤剂、消毒剂等有毒、有害物品。

3. 罐装食品的包装罐无锈迹、破损、开裂或缝隙；袋装食品的包装袋无破损、开裂或缝隙。

4. 裸装食品或开盖后的食品必须用食品器皿存放，食品器皿不能重复使用，不能用毛巾或衣物搭盖食物，只能用铝箔、保鲜膜或不锈钢、塑料制品盛放、搭盖食物，器皿上应标明名称。

5. 库存食品质量不得超过保质期，腐烂变质、发霉、生虫或其他感官异常食品或原料，遵循先进先出的原则，控制库存量，避免超过有效期。

6. 不允许使用化学器皿储存食品，必须使用食物器皿盛放食品。

7. 解冻食品核心部位或最厚的部位必须达到 1 ℃～5 ℃方可视为已经解冻，如果解冻之后的食品为生食食品，则要确保该食品要在冷藏室或冰箱里解冻，防止交叉污染。

8. 只有符合安全标准的食品才能被用于加工、烹制。

…………

后厨卫生及食品安全管理必须得到酒店经营者的重视，因为这直接关系着宾客的饮食安全，更直接关系着酒店的声誉和口碑。

4.3.2　后厨垃圾的处理与卫生管理

一家具有一定规模的酒店，其餐饮部每天产生的垃圾会非常多。我们都知道，垃圾的处理如果不及时、不正确，很可能造成环境污染，甚至传播细菌、病毒，危害社会和人类身心健康。

实际经营过程中，虽然酒店后厨产生的垃圾大多为湿垃圾，但也有部分垃圾属于干垃圾或有害垃圾等，因此，要做好后厨垃圾的处理，必须严格区分垃圾类别。

（1）厨余垃圾（湿垃圾）

厨余垃圾主要指有机垃圾，即易腐垃圾，一般指食材废料、剩菜剩饭、过期食品、瓜皮果核、花卉绿植和中药药渣等生物质生活废弃物。部分地方将厨余垃圾又称为湿垃圾。

酒店后厨常见的厨余垃圾包括但不限于：丢弃不用的菜叶、剩菜、剩饭、果皮、蛋壳、茶渣、骨头、动物内脏、鱼鳞以及废弃的油脂等。

（2）可回收垃圾

可回收垃圾又被称为可回收物，指适宜回收利用和资源化利用的生活废弃物，主要包括废纸、废弃塑料瓶、废金属、废包装物、废旧纺织物、废弃电器电子产品、废玻璃和废纸塑铝复合包装等。

酒店后厨常见的可回收垃圾包括但不限于：各种存放时间过长而未使用的纸巾、包装物、毛巾、纸杯、玻璃杯、餐具、矿泉水瓶、洗手液瓶、洗洁精瓶、玻璃酒瓶、坏玻璃杯、碎玻璃窗、废玻璃板、易拉罐、金属罐头盒、铝箔、铁片、铁管、旧钢丝球以及各种泡沫包装物等。

（3）有害垃圾

有害垃圾指会对人体健康或自然环境造成直接或潜在危害的生活废弃物。常见的有害垃圾包括废旧电池、荧光灯管、废油漆桶、腐蚀性洗涤剂、医院垃圾、过期药品以及含辐射性废弃物等。

酒店后厨常见的有害垃圾包括但不限于：废旧电池、废灯泡、废灯管、废水银温度计、废杀虫剂及其包装物、含辐射的废弃电器等。

（4）其他垃圾（干垃圾）

其他垃圾也称为无机垃圾或干垃圾，是指除厨余垃圾、可回收垃圾和有害垃圾以外的其他生活废弃物。

酒店后厨常见的干垃圾包括但不限于：用过的餐巾纸、污损的厨房用纸、破碎的砖瓦陶瓷、渣土、瓷器碎片、干燥剂、海绵、一次性筷子、损坏的扫帚、创可贴以及大棒骨等很难腐烂的骨头等。

做好酒店后厨卫生、食品安全以及垃圾管理工作，就能有效防治酒店后厨脏乱差的现象，为员工提供一个干净、整洁的操作空间，同时也为酒店宾客的饮食安全提供有效保障。

下面所示的是某酒店制定的厨房垃圾管理制度。

实用范本 厨房垃圾管理制度

为了保持中央厨房的卫生，厨房员工必须及时处理厨房垃圾，厨房垃圾的处理方法如下。

1. 处理固体废弃物应该分类，首先需在各垃圾桶内衬以垃圾袋，垃圾分为可燃物（如纸箱、木箱、塑料、泡沫类、废弃油脂类）、不可燃物（如瓷类、玻璃类、铁类），分别投入各类垃圾桶，垃圾桶需加盖；铁罐类和玻璃空瓶应先冲洗干净，以免招致苍蝇、蟑螂和老鼠等。

2. 纸箱泡沫类需整理干净，统一回收到密闭储藏室，避免火患。

3. 废弃油脂类统一回收到指定的油桶中由指定的回收车定期回收。

4. 当日产生的不可用的食物边料要立即处理，避免腐烂而滋生细菌。

5. 当日工作完成后由厨房人员将垃圾密闭，通过专用通道将垃圾清运到指定回收点，垃圾清运后垃圾桶及其周围环境应及时冲洗清洁并消毒。

6. 区域人员将下脚料分离为固态与液态物，液态物和固态物则用塑料袋包裹装好，送往垃圾处理站。

该范本中展示的酒店厨房垃圾管理制度，内容较少，概括性较强。实际经营过程中，各酒店需要根据自身后厨使用情况和垃圾产生情况进行更细致的管理。

4.3.3 了解食物中毒的原因并掌握预防方法

食物中毒一般指因所进食物被细菌或细菌毒素污染，或食物含有毒素而引起的急性中毒性疾病。

从食物中毒的概念可以知道，食物中毒的原因主要包括两大类：一是所食用的食物被细菌或细菌毒素污染；二是所食用的食物本身带有毒素。那么，在酒店餐饮部，常见的食物中毒有哪些情形呢？引发食物中毒的原因又分别是什么？具体的预防措施有哪些？

（1）细菌性食物中毒

细菌性食物中毒是包括酒店餐饮在内的所有餐饮业中最为多见的食物中毒，而常见的致病菌主要有沙门氏菌属、金黄色葡萄球菌、副溶血性弧菌、蜡样芽孢杆菌和致病性大肠杆菌等。

细菌性食物中毒发生的原因包括：食品被致病性微生物污染；有适

宜的温度、水分、PH 和营养条件；有充足的时间导致微生物大量繁殖；加工过程未消灭病原菌及其毒素。细菌性食物中毒的特点主要有如下四个方面：

①急性胃肠炎症状，如恶心、呕吐、腹痛或腹泻；

②体温升高或正常，通常活菌作用就会使体温升高；

③有潜伏期和特异表现；

④常出现群体爆发。

下面就来分别认识这些细菌性食物中毒。

◆ 沙门氏菌食物中毒

沙门氏菌食物中毒多发于受该菌污染的畜禽肉类、蛋、奶及其制品和淡水产品，可能在畜禽生前感染，也可能在其宰后感染，甚至可能二次污染并繁殖，以及餐饮工具容器交叉污染。

由于该类食物中毒对于人们来说普遍易感，且全年皆可发生，那么做好预防措施必不可少，具体可参考见表 4-7 的内容。

表 4-7　沙门氏菌食物中毒的预防措施

条　目	预防措施
1	不食用病死牲畜肉，具体可在采购时索取检疫合格证明；加工冷荤熟食一定要做到生熟分开，包括加工场所、人员、工具和消毒等都要分开操作
2	肉禽蛋类食品要热透、煮熟后食用，剩余食品再食用也应彻底加热
3	要在 5 ℃以下储存食品，且尽可能做到避光、断氧
4	做好环境卫生，刀具和砧板等餐饮工具要经常清洗，并保持干爽，以免滋生细菌

◆ 金黄色葡萄球菌食物中毒

葡萄球菌多数为非致病菌，少数可导致疾病，其中最常见的就是金黄色葡萄球菌。由于该菌广泛分布在自然界的空气、土壤和水中，因此常见

的污染途径有如下三种:

①带菌的人直接污染食品,如人体的化脓病灶、上呼吸道感染者污染等;

②畜禽患化脓性炎症直接污染食品,如被化脓性炎症污染的牛奶和肉;

③蝇虫把化脓性炎症畜禽的金葡萄球菌或其毒素带染到食品上。

由金葡萄球菌引起的中毒食品常见有肉、蛋、奶及其制品,以及淀粉类食品和豆制品,主要的预防措施见表4-8。

表4-8 金黄色葡萄球菌食物中毒的预防措施

条 目	预防措施
1	低温贮存,防蝇防尘,空气消毒
2	注意餐饮服务人员的个人卫生,如厨师若有皮肤溃破、外伤、感染或腹泻症状就不要带病加工食品
3	保持环境卫生,经常除四害(即苍蝇、蚊子、老鼠和蟑螂)

◆ 副溶血性弧菌食物中毒

副溶血性弧菌食物中毒主要出现在海产品以及墨鱼、虾和贝类等食物中,因此多发于沿海地区。由此可见,该类食物中毒的污染途径如下:

①海水带菌或海产品带菌,人们生食海鲜中毒;

②带菌的工具、容器交叉污染,尤其多见于凉拌菜品中;

③从业人员带菌而污染食物,或者由苍蝇传播;

④食物加热不彻底或煮熟后污染繁殖。

那么,餐饮业如何预防该类食物中毒呢?常见措施见表4-9。

表4-9 副溶血性弧菌食物中毒的常见预防措施

条 目	预防措施
1	在加工处理海产品时一定要烧熟、煮透

续上表

条目	预防措施
2	减少厨房水池和地面的污染
3	对餐饮工具、容器进行严格的生熟区分以及消毒处理，杜绝食材、餐饮器具等落地存放
4	在处理海产品时，可用醋浸泡 10 分钟以上

◆ 蜡样芽孢杆菌食物中毒

蜡样芽孢杆菌食物中毒是由进食含有蜡样芽孢杆菌产生的肠毒素的食物导致的，该类细菌主要污染含淀粉较多的食物，国内外均以米饭为主要感染食物，熟肉、奶汁和鸡汤等也可能被污染。其中，米饭中毒多是因为米饭煮熟后存放时间过久，加盖后给菌以良好的温度和充足的繁殖时间。

由于受该菌污染的食品色味不变，因此很难肉眼发现。日常生活中的预防措施主要有两种，见表 4-10。

表 4-10　蜡样芽孢杆菌食物中毒的预防措施

条　目	预防措施
1	保持厨房内空气洁净、容器干净，防止尘土、昆虫和其他不洁物污染食品
2	低温（尽可能在 15 ℃以下）短时间存放米饭，再食用时回锅彻底加热

◆ 致病性大肠杆菌食物中毒

致病性大肠杆菌食物中毒又可分为两类，一种是肠产毒素性大肠杆菌食物中毒，另一种是肠侵袭性大肠杆菌食物中毒。不同类型的大肠杆菌食物中毒的症状会有不同，这里不做详述。但无论是哪种致病性大肠杆菌，都可能引起熟肉、剩饭等食品中毒。餐饮业最常见的预防措施有如下一些方面：

①定期清扫厨房环境卫生，防止餐饮工具、容器污染以及生熟食品交叉污染；

②熟食尽量都低温保存；

③严格厨师和餐饮服务人员进出厨房的流程，防止厨师带菌制作餐点；

④防止水源污染。

（2）化学性食物中毒

化学性食物中毒通常指有毒金属、非金属及其化合物、农药和亚硝酸盐等化学物质污染食物引起的食物中毒，特点是短时间内危及生命。在餐饮业中，主要有3种食物中毒情形，下面分别从污染途径和预防措施进行了解，见表4-11。

表4-11　化学性食物中毒的污染途径及预防措施

食物中毒类型	污染途径	预防措施
食源性急性有机磷农药中毒	①被有机磷农药毒死的禽畜肉 ②农药拌种谷物加工的食品 ③农药不小心撒落到食品中 ④食品与农药同地存放而被污染 ⑤接触过农药的工具、容器未洗净就盛装食品 ⑥运输过农药的车辆未清理干净再运输食品 ⑦喷洒农药后的水果没有待其过失效期就被食用等	①严禁将有毒有害化学物与食品同一地方放置 ②不随便使用来源不明的食品或工具容器 ③蔬果要彻底清洗后再加工，一般以温水洗3遍以上 ④厨房、食品加工区和仓库等要经常上锁，防止有人恶意投毒等
亚硝酸盐中毒	①霉烂变质的蔬菜或放置过久的熟蔬菜 ②腌制不久（通常不足20天）的蔬菜 ③腌肉制品加入过量亚硝酸盐 ④误将亚硝酸盐当食用盐加入食品中等	①慎用嫩肉粉，确需使用的，在采购时索取相关证件 ②自制熟肉制品时禁止使用亚硝酸盐 ③禁止在火锅、老汤和面条汤中使用 ④不使用霉烂变质的食材
鼠药中毒	①鼠药与食材或食品同位置放置 ②投放鼠药后手未洗净就接触食品	①防止灭鼠投药过程污染食品和操作环境 ②防止人为投毒等

（3）有毒动植物食物中毒

在餐饮业中，常出现的有毒动植物食物中毒，包括毒蘑中毒、菜豆中毒、发芽土豆中毒和河豚鱼中毒。

◆ 毒蘑中毒

毒蘑中毒的死亡率较高，多发于夏秋阴雨季节。中毒的原因包括误采和误食，因此酒店在采购蘑菇时要注意识别有毒蘑菇，方法有两类。

看颜色。毒蘑菇菌面颜色鲜艳，有红、绿、墨黑和青紫等颜色，尤其是紫色往往有剧毒。

看形状。无毒蘑菇菌盖较平，伞面平滑，菌面上无轮，下部无菌托；有毒蘑菇的菌盖中央呈凸状，形状怪异，菌面厚实板硬，菌杆有菌轮，菌托杆细长或粗长且易折断。

比较实际的预防措施就是不食用野蘑菇。

◆ 菜豆中毒

食物中的菜豆主要包括四季豆、芸豆、刀豆、架豆和扁豆，这些豆类中或多或少都会含有豆素，具有凝血作用，长时间煮沸可破坏。因此，菜豆中毒原因大多数是在加工烹调过程中没有煮熟闷透，加工温度和时间不足，导致豆素无法被破坏。

常见的预防措施是把菜豆彻底加热煮熟后食用，通常在 100 ℃以上煮30 分钟；翻炒时要注意翻炒均匀，使菜豆失去原有的生绿色和豆腥味。

◆ 发芽土豆中毒

在未成熟土豆的幼芽及幼眼和皮肉变绿、变紫的部位含有大量的龙葵素这一毒素，引起中毒时如果抢救不及时，可因心力衰竭、呼吸麻痹等致死。

预防措施有：①不采购和食用发芽的土豆（即马铃薯）；②妥善保存土豆，防止其发芽；③加工轻微发芽的土豆时必须彻底挖去芽或芽眼和芽周 1 厘米的部分。

◆ 河豚鱼中毒

某些酒店餐饮部提供的餐点中会有以河豚鱼为食材的餐点，而几乎所有种类的河豚都含有河豚毒素，最毒的部位是其卵巢和肝脏，其次是肾脏、血液、眼、鳃和皮肤，其中属晚春初夏怀卵的河豚毒性最大。

如果在用河豚鱼制作餐点时未将这些藏有河豚素的器官或部位去除，或者用餐者误食，就可能发生河豚鱼中毒，呼吸中枢受到抑制而死亡。

具体的预防措施包括相关部门向群众加强河豚鱼毒性和危害的宣传，不擅自食用沿海地区捕捞或捡拾的不认识的鱼，严禁各酒店、餐馆自行加工河豚鱼等。

由于酒店经营过程中发生食物中毒是非常严重的经营事故，因此本节内容对食物中毒做了比较详细的介绍。但实际上食物中毒还远不止这些情形，酒店餐饮部应组织本部门所有员工系统学习食品安全管理知识，全面减少和避免食物中毒事件的发生。

4.3.4 建立食物中毒处理机制

对于食物中毒，酒店不仅要督促餐饮部做好事前防范措施，还要要求餐饮部制订相应的食物中毒处理方案，对食物中毒发生后需要做的事情进行明确，结合食物中毒事前预防和事中、事后控制，形成符合酒店经营情况的食物中毒处理机制。

现实生活中，很多酒店都会制订相应的食物中毒应急处理预案，下面来看一个范本。

实用范本 酒店食物中毒应急处理预案

一、目的和依据

为有效预防、及时控制和消除食物中毒事件及其危害，迅速查明原因，采取有效措施，防止食物中毒事件的蔓延和事态的扩大，抢救中毒病人，保障公众健康和生命安全，维护社会正常秩序，依据相关法律、法规的规定，结合本酒店实际，特制订本预案。

二、适用范围

本预案所指食物中毒指食用了生物性、化学性有毒有害物质污染的食品或食用了含有毒有害物质的食品后出现的急性、亚急性食源性疾患。

本预案适用在××酒店内突然发生的、群体性的食物中毒事件的预防和应急处理工作。

三、工作原则

1. 预防为主

采购人员把好采购关，收货人员把好验货关，仓库人员把好食品入库关，厨师把好制作关。

2. 做好食物取样

需做好所食用食物取样工作，以备卫生部门检验。若是店外食物导致食物中毒，也要积极配合有关部门取样。

四、应急措施

1. 发现人的职责

（1）发生食物中毒，发现者应立即向总务部报告，说明自己的部门、姓名或工号、所在地点、食物中毒人员的国籍、人数、中毒程序和症状等。

（2）报告人应就近看护中毒者，不要将其单独留下，不得移动任何物品，保护好现场。

（3）如果中毒的客人还能清晰地进行表达描述，或一起用餐的同伴表达描述后，向其他一起用过餐尚无反应的客人了解情况，并留下联系方式，同时注意观察同餐客人的身体反应。

2. 总务部值班人员职责

（1）总务部值班人员接到食物中毒报告后，应问清时间、地点、中毒人数、中毒程度和症状，做好记录。

（2）立即通知保安部经理或领班、大堂副理，以及发生食物中毒地点的部门经理赶往现场。

（3）当总经理做出联系急救中心或送医院抢救的通知时，及时与急救中心或医院联系，说清楚地点、中毒人数、中毒程度和症状等。

（4）将食品进行送检，查出中毒原因，防止再次食用。

3.安保部职责

（1）安保部经理、领班立即赶到现场，保护好现场，控制无关人员进入和围观，对厨房、餐具和食品等进行封存。

（2）迅速展开初步调查，弄清楚中毒人数、中毒人身份、中毒程度和症状等情况，向总经理汇报。

（3）调集酒店的使用车辆，安排运送中毒者前往医院救治，配合急救中心医护人员的抢救工作，情况严重时随中毒者前往医院，适时做好对中毒者的访问记录。

（4）如果中毒者已死亡，应保护好现场，按总经理指令，配合公安人员、法医的工作。

（5）如果系投毒，应立即查找、控制嫌疑人，配合公安人员展开调查侦破工作。

4.有关部门经理职责

严格执行总经理对抢救工作的一切指令，要求员工听从指挥，配合保安部工作，向客人做解释，稳定客人情绪。

五、总结与资料整理

在食物中毒事件处理完毕后，由酒店相关部门进行处理的评估、总结，并上报卫生行政部门备案，酒店内部建立食物中毒事件档案。

六、责任追究

在食物中毒事件的处理过程中，严格处理玩忽职守、失职和渎职等行为。情节较轻者，按酒店规章制度处理；情节严重、触犯国家法律法规者，移交相关司法部门处理。

从案例展示的食物中毒应急处理预案来看，不仅包括了事前防范，还包括了详细的客人发生食物中毒后各人员及各部门的职责，内容比较全面。

工作梳理与指导

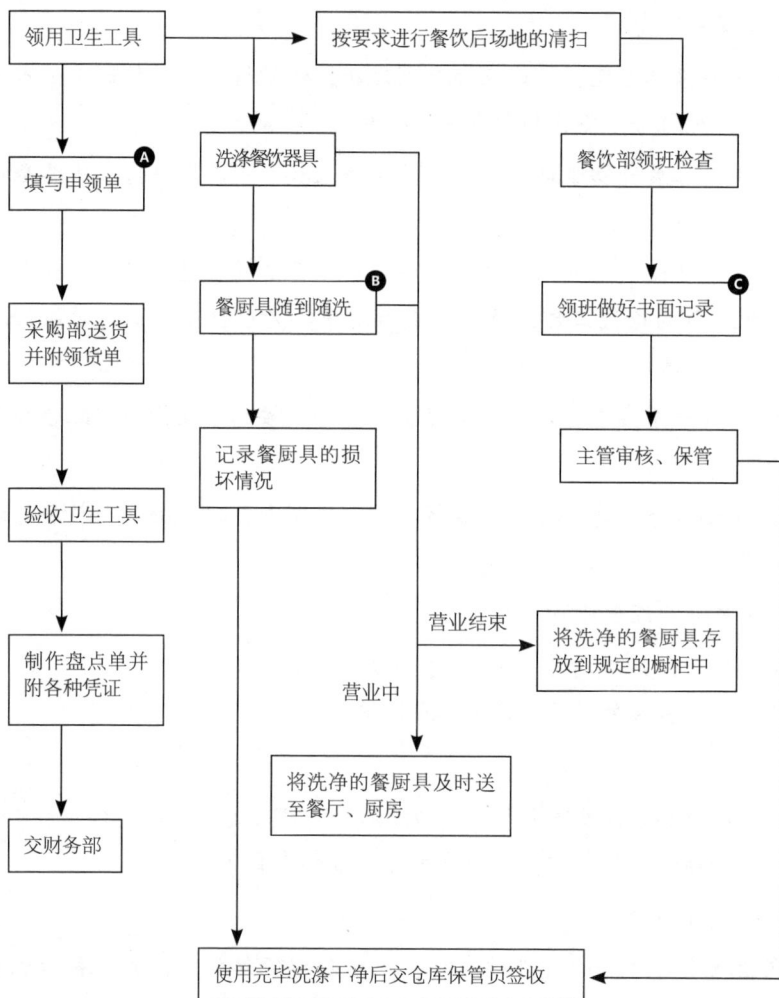

```
领用卫生工具 ──────────→ 按要求进行餐饮后场地的清扫
     │                              │
     ▼                              │
填写申领单 (A)    洗涤餐饮器具         │
     │              │               ▼
     ▼              │         餐饮部领班检查
采购部送货          ▼               │
并附领货单    餐厨具随到随洗 (B)       ▼
     │              │         领班做好书面记录 (C)
     ▼              │               │
验收卫生工具         ▼               │
     │        记录餐厨具的损          ▼
     ▼        坏情况           主管审核、保管
制作盘点单并                         │
附各种凭证      营业结束 将洗净的餐厨具存
     │        营业中    放到规定的橱柜中
     ▼
交财务部    将洗净的餐厨具及时送
            至餐厅、厨房
              │
              ▼
使用完毕洗涤干净后交仓库保管员签收 ←──
```

---- 按图索骥 ----

🅐 餐饮部门进行卫生管理时,需要用到卫生工具,这些工具通常统一存放在酒店的仓库,因此如果需要领用卫生工具来打扫清洁卫生,就需要填写相应的申领单,交由采购部审核后由餐饮部负责领用卫生工具。

🅑 酒店经营过程中,并不是只有固定的时间才会产生脏污的餐厨具,在宾客用餐时间段内,会陆陆续续产生脏污的餐厨具,此时餐饮部就需要安排专门的人员负责清洗,并且该位置的工作人员在宾客就餐时间段内尽量不要离岗,保证餐厨具随到随洗,这样有利于酒店的餐厨具的循环使用,提高服务效率。

🅒 餐饮部什么时候进行过卫生清扫,具体清扫范围,有哪些员工参与等,这些信息都与餐饮部员工的绩效息息相关,因此需要做好相应的书面记录。餐饮部领班通过对卫生清扫工作进行细致的检查,将检查结果以及卫生清扫工作的详细情况记录在案。这样,在核算餐饮部员工绩效时就有明确的依据,同时也能让餐饮部管理者熟知卫生清扫的频率和工作效果,从而在日后更好地进行餐饮卫生管理。

---- 答疑解惑 ----

问:发现客人未付账就离开餐厅时该怎么处理?

答:①服务人员应立即上前有礼貌且小声地向宾客询问情况,并请客人补付消费账单;②如果客人和朋友在一起,应请客人到一边说话,并将情况向客人说明,尽可能照顾到客人的面子,不能让客人难堪;③如果客人因喝醉而无理取闹拒绝付款,应立即通知保安部解决。

问:餐厅突然停电怎么办?

答:服务人员首先要保持镇静状态,向用餐客人道歉,并立即启用应急灯,设法稳住客人情绪,请客人不必惊慌;然后为客人点燃杯中蜡烛,尽量说服客人不要离开自己的座位;接着与上级领导和有关部门取得联系,弄清楚断电原因。如果是内部供电设备出现问题,应立即通知工程部派人检修,在最短时间内恢复供电;如果是地区性停电或其他一时不能解决的问题,应立即停止接待新来的客人,对已在服务范围内的宾客做好安抚工作。在供电没有恢复前,各区位服务人员应看好自己的工作岗位,协助领导控制好局面,防止客人跑单,同时保证客人的人身财产安全。

问:服务中将汤汁洒在客人衣服上怎么处理才妥当?

答疑解惑

答：①诚恳地向客人道歉；②确认宾客的衣服能够用一般的毛巾进行擦拭后，以最快的速度用干净毛巾给客人擦拭。注意，如果是女性宾客，应让女服务人员为其擦拭；③如果宾客的衣服材质比较特殊，不能在未确认情况时就贸然用毛巾为宾客擦拭弄脏的衣服，此时应询问宾客需要如何清洗衣服，然后根据宾客的要求进行清洁处理；④离开宾客视线进行清洁处理的衣服，必须向宾客说明具体的处理方法和流程，同时承诺送回时间；⑤事情比较严重的，需及时上报领班或经理，必要时也可请领导出面道歉，以示对宾客的重视和尊重。

问：客人进餐前突然有胃肠不适的感觉该怎么处理？

答：①询问清楚客人胃肠不适的具体情况，若有病史，可应客人的要求帮助其服用相应的药物缓解症状；②如果是突发情况且症状严重，应征询客人意见及时打电话叫救护车，同时向上级领导反映情况；③如果客人有呕吐现象，不要急于清理污物，待相关人员取样后进行检查，以明确责任，保护酒店的声誉。

问：客人用餐后离开餐厅前突然有胃肠不适的感觉又该怎么处理？

答：这种情况可能是因为就餐食物不卫生引起的，也可能是其他原因引起的，此时服务人员应首先帮助客人缓解胃肠不适的症状，该辅助给药的辅助给药，该通知领导的通知领导，该打电话叫救护车的叫救护车。如果客人有呕吐现象，也不要急于清理污物，同时保留客人食用过的食物，这些都要用来取样以备检查化验，分析客人发病原因，以此明确责任。

实用模板

餐厅卫生检查表	餐饮器具保管登记表	酒店垃圾清理登记表
餐厅员工卫生管理制度	餐饮器具消毒记录表	客房送餐与收餐服务规范
餐饮部餐具盘点明细表	厨房卫生检查表	食物中毒事件报告登记表

第 5 章

设备物资与消防安全管理不可忽视

酒店是为宾客提供食宿服务的场所，大多数酒店从建筑外观上看属于封闭式经营，即几乎所有服务都在建筑内完成。因此，酒店的消防安全管理就显得尤为重要。另外，酒店的设备和物资也是为宾客提供服务的基础，管理工作也不可马虎。

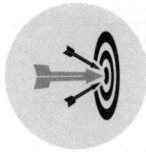

5.1 酒店设备管理一体化

酒店经营过程中离不开各种设施设备的辅助，比如前厅需要的柜台、座机电话和验钞机等；客房需要的空调、洗衣机和衣柜等；后厨需要的冰箱、烤箱和消毒柜等。这些设备是酒店经营必不可少的，而且涉及各个部门，所以管理工作一定要系统，尽可能做到一体化。

5.1.1 做好设备的日常维修工作

酒店设备在经营过程中由于使用损耗，经常会发生一些小故障。除了要在日常工作中进行必要的保养和保管，还要在实际发生故障时及时做好维修工作。

酒店设备的日常维修工作通常由酒店的工程部负责，依照使用部门保修项目内容，通过工程部及时准确的修理，使酒店设备设施长期处于良好、安全和稳定的运行状态。设备的日常修理主要是指工程部在每天的工作期间内，根据酒店各部门递交的报修单进行针对性的、个别的设备设施维修工作。常见的设备报修单范本，见表 5-1。

实用范本　　　　表 5-1　设备报修单

申请部门：　　　　　　年　　月　　日　　　　　　　编号：

设备名称		设备编号		设备型号	
故障现象：			审批意见：		
申请人：　　部门主管：				审批人：	
详细维修内容及处理结果（更换件）：					
维修工：　　　　　主管审核：　　　　　年　月　日					
验收及备注					
验收员：　　　　　　　　　　　年　月　日					

报修单的联次数可根据酒店自身的需要进行设计,但一般不少于两联。其中一联留报修部门,另外联次由酒店工程部签字确认并留存备查。

工程部接到报修单后,相关人员应先验明报修单上的栏目内容,栏目内容不全或不符合要求的,应拒绝签收和出工。确认报修单栏目符合要求的,应立即对报修单进行分类,然后把报修单的相关联次交给工程部修理人员,据以开展设备维修工作。如果工程部的修理人员刚好全部出工,应立即采取有效方法通知各修理人员,确保有修理人员能在短时间内赶往现场进行设备维修。

实际经营过程中,有些酒店为了规范设施设备的日常维修工作,会专门制订相应的工作流程文件。下面就来看一个范本。

实用范本 酒店设备设施维修工作流程

工程部对酒店所有设备设施按规定实行定期修理保养和循环修理检查外,日常修理是相当重要的工作。依照使用部门报修项目内容,通过我们工程部及时准确修理,不仅使酒店设备设施经常处于良好、安全、稳固的运行状态,同时也是工程部日常治理水平的要求。

为了满足酒店各项工作的需要,满足客人的需要,我们把修理工作分成3种修理形式,即日常修理、紧急修理和应急修理。因此,特制订修理工作流程。

1. 日常修理:8:30 ~ 17:30,在这期间各部门送来的报修单由派工员负责受理,班组和个人不可受理,除紧急修理外,各部门通知要求修理的工作原则上不予受理。

2. 紧急修理:公共区域、有客人的房间、营业中的场所大面积停电、停水、漏水等突发性各类故障,或者在大型活动和重要任务期间急需工程部解决的工作。班组可直接受理各部门的紧急修理。修理人员完成紧急修理后,应主动要求通知人补开报修单,并签名后交派工员。

3. 应急修理:每天下午17:30至次日上午8:30,以及双休日和法定假全天,在这段时刻内,各班组可直接受理各部门的修理。修理完毕后,请报修部门补开报修单，值班人员负责在次日 8:30 前，将应急修理期间的修理单交派工员汇总。

4. 派工员在受理报修单时，应验明修理通知单上栏目的内容，即通知日期、修理地点、修理内容、通知部门和通知人姓名。签发簿上的签收编号应与报修单的编号相符。签名时必须注上签收时刻。栏目内容不全或不符合要求的应拒绝签收。

5. 接到报修单后，立即进行分类，并盖日期时刻章，报修单上的时刻必须是签发簿上的签收时刻，然后把报修单（第二联）及时通知到班组修理人员。如遇修理班组无人，应想办法查找联系方式，并确保小修小补工作在 15 分钟内有修理人员到现场。如在 15 分钟内报修单还在派工员手里，并估量 15 分钟内修理人员不能到达现场，派工员应主动与请修部门说明和商量。

6. 报修单共有三联，第三联留存报修部门，其余两联送达工程部并交由派工员签字认定，其中的第一联留存部门备案，第二联交相关班组实施修理任务并妥善储存。

7. 各班组接到报修单后，应立即组织人员前往修理，原则规定一样修理工作 15 分钟内到达修理现场。班组因各种缘故，修理人员在 15 分钟内不能到现场，应主动与请修部门说明和商量。修理终止后填写清楚修理通知单反馈有关栏目内容，即材料消耗、完工时刻等，修理人员和验收人员签字后，立即将第二联报修单交部门派工员，以示此修理项目完成。

8. 修理工作应做到当日单子当日完成。确实因材料、人力或技术等缘故暂不能当日完成的修理项目，将不能完成的缘故注明在班组第二联的修理单上，请报修部门班组长以上人员签名，同时便于翌日接班人员了解和连续完成。并及时将不能完成的缘故告知部门派工员，请派工员认可签名，表示同意暂缓解决。

9. 派工员将班组不能当天完成的缘故及时注明在部门留底的第一联报修单上，同时依照修理项目的大小和重要程度，及时告知部门总监。派工员在每天下班前将当日报修单清理汇总，发现缺少回单（第二联），应及时督促有关班组长将回单速交部门。

10.遇店级领导和工程部总监要求修理时,派工员应直接联系修理班组,班组立即派人或接修理者前去修理,如领导在现场等候,班组因材料一时不全等缘故,修理人员应先到现场做应急处理。

11.进入有客人住的房间进行修理时,必须由服务人员陪同进房,修理人员有权进行相互监督。在各种修理时必须避免弄脏周围环境,各种修理终止后,修理人员必须清理现场,包括垃圾、材料和工具等,搬动过的物品必须复原。

12.各部门凡是要求请工程部新安装和制作的任务单子,必须有酒店主管经理同意签名后方可受理实施。

5.1.2 设备故障检修

设备故障检修即设备故障检查和维修,是设备维修管理中的一项重要工作。无论是日常维修,还是紧急维修或临时维修,如果因设备故障而需要维修,都需要在维修前进行故障检查。一般的设备故障检修流程,如图5-1所示。

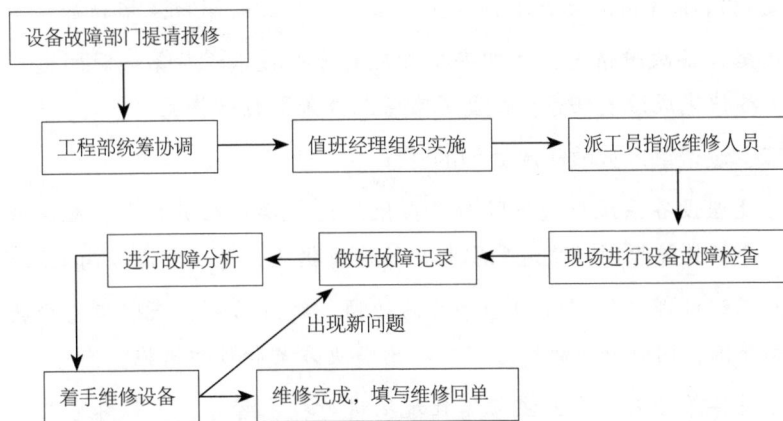

图5-1 设备故障检修流程

在上述设备故障检修流程中,工程部统筹协调和值班经理组织实施的工作实际上贯穿于整个设备故障检修工作中,具体工作内容包括与设备使用部门领导共同协商应急处理办法，减少不利影响；在发生人员伤亡时积极组织救济；进行设备故障或事故原因分析，找出预防办法；遇重大设备事故的，及时呈报给酒店总经理。

另外，在维修人员进行现场设备故障检修时，应按照设备操作规范进行，并在施工现场设立醒目的警示标志，以免发生意外。而设备故障记录所需记录的信息包括设备修理时间、故障状况、零件更换情况以及设备技术状态等。

如果经营过程中出现设备系统重大故障，酒店需提前做好应急预案。下面来看某酒店制订的设备系统重大故障应急预案。

实用范本 设备系统重大故障应急预案

为了有效预防、及时控制和消除突发性事故的危害，最大限度地减少设备系统故障造成的损失，维护酒店稳定，确保酒店各项经营的顺利开展，结合酒店的实际情况，特制订本应急预案，希全体员工遵照执行。

一、设备重大的紧急报修

各部门使用的设备发生重大故障时，应第一时间报告工程部，由工程经理根据设备故障情况，立即安排相应的专业技术人员第一时间进行紧急抢修，尽快完成修复任务，恢复正常营业并采取预防措施。

二、设备重大故障应急处理的程序

1.处理设备系统重大故障时，当值的设备操作人员和主管应保持沉着冷静，分析故障原因，快速采取相应的应急措施，并立即逐级向上汇报。

2.工程经理与使用部门领导共同协商，统筹协调，采取应急措施，控制影响范围，同时分析故障原因，找出解决方案和预防措施。

3.设备维修时，专业主管需在现场进行技术督导，工程部专业人员应按照设备操作规范进行维修，维修现场应设立醒目的警示标志，以免发生意外。

4.在确保安全的前提下，做好紧急故障的临时处理工作。

（1）市政电源停电时，应启动酒店备用发电系统进行供电。

（2）地下层集水坑排污潜水泵故障，应使用临时抽水泵排污。

（3）供水设备发生故障时，应启动备用泵进行供水。

（4）中央空调主机发生故障时，应启动备用中央空调主机。

5. 如遇水管、油管或蒸汽管泄露，应先做临时封堵。之后逐级向上汇报，并采取彻底封补或更换管道的技术处理。

6. 紧急事故现场若产生大量浓烟或导致火险时，应立即报告保安消防中心。紧急调用临时排风设备进行排烟，并根据事故情况佩戴防毒面具或氧气呼吸器进入现场处理。

7. 当载人电梯（尤其是客用电梯）发生紧急情况时，如困人、开门运行、溜梯、冲顶、夹人和伤人，解救方法和处理程序参考本酒店电梯救援应急预案。

8. 处理停电事故，在确认已经处理完毕后，必须再做绝缘测试后方可送用。

9. 事故处理后，应将所有防护用品清洗干净，工作人员要清理个人卫生。工程部应组织相关专业人员分析事故原因，提出改进措施，做出总结，并记录备案。

5.1.3 设备更新与改造管理

设备更新指换掉旧设备，安装新设备；设备改造指为了改善现有设备的性能和提高运行效率，对设备进行技术革新或结构改进，分为设备改装和设备技术改造。

酒店在经营过程中，如果有设备发生故障后无法通过维修恢复工作状态，此时就需要更换新的设备，或者对设备进行改造。

（1）设备更新

设备更新也分情况，一种是设备原型更新，另一种是设备技术更新。

设备原型更新就是同型号的设备以新换旧，也称简单更新或形式更新。设备技术更新是指以技术上更先进、经济上更合理的新设备代替物质上、经济上不能继续使用的旧设备，这是设备更新的主要形式。

为了尽可能地降低酒店的不必要费用开支，在决定设备更新前，需要进行相应的分析，对于确实需要更新的设备才进行更新，对于还能通过简单的改造且符合使用标准的设备就暂时不更新。分析时主要分析设备的 3 种寿命。

设备的物质寿命。物质寿命也称自然寿命，指从设备开始投入使用，因形态磨损使设备老化、损坏，直至报废为止经历的时间。

设备的技术寿命。技术寿命指设备从开始使用，直至因技术进步而出现了更先进、更经济的新型设备，从而使现有设备在物质寿命尚未结束前就被淘汰所经历的时间。

设备的经济寿命。经济寿命指设备从投入使用到因继续使用不经济而提前更新所经历的时间。

酒店对于各种设备的更新决策是依据对设备进行评估的结果而定，如果对设备进行评估，发现继续使用无法再给酒店带来实际利益，甚至会比更新设备发生更多的支出，此时就以设备的经济寿命为限，进行设备更新；如果对设备进行评估，发现设备继续使用还能为酒店带来一定的经济利益，但该经济利益小于更新设备后带来的经济利益，则以设备的技术寿命为限，更新更先进、更经济的新型设备。当然，如果对设备进行评估后发现设备仍然可以为酒店带来经济利益，且市场中尚未出现更先进、更经济的新型设备，此时继续使用原设备。

（2）设备改造

设备改造包括设备改装和设备技术改造两种情形。设备改装即通过改变或加大现有设备的容量、体积、形状或功率等，提高设备的工作能力，以满足经营所需。设备技术改造是指用先进的科学技术对现有设备加以改进，以提高设备的现代化水平，改变其技术落后的状况。

通常来说，设备改造涉及的费用支出并不小。酒店应在比较设备改造和设备更新的成本后，选择成本较小的方案。

在考虑进行设备改造时，应遵循如下几个改造原则。

改造必须适应酒店经营需要。针对设备对相应服务、安全性、能源消耗和环境保护等方面的影响程度，在能够取得实际效益的前提下，有计划、有重点、有步骤地进行改造。

必须充分考虑技术的可能性。即必须保证设备值得改造和利用，有改善功率、提高运转效率的可能。改造必须经过大量试验，并严格执行相关审批手续。

必须充分考虑经济的合理性。设备的改造需要由专业技术人员进行技术经济分析和可行性研究、论证，形成改造方案，尽可能使设备改造减少酒店的经济消耗。

5.2　做好物资管理减少经济损耗

酒店经营管理需要的物资众多，大到各种服务用设备，小到服务用的小物件，如水果刀、棉签。尤其是一些单项价值很低且使用期限不满一年的低值易耗品，很容易发生浪费现象。由此可见，酒店对物资的管理是不能被忽视的，物资管理的目的是要尽可能减少酒店的经济损耗，减少浪费，使物尽其用。

5.2.1　物资用品的采购管理

物资用品的采购管理是避免其发生浪费的一个重要环节，对于没有使用价值的物资坚决不买，尽可能选择性价比高的物资等，这些都能在一定程度上减少酒店不必要的开支。

广义上的采购管理指对采购业务过程进行组织、实施和控制的管理过程，包括制订采购计划、发出采购订单或签订采购合同、收取发票验收货物等。

比较大型的酒店通常会单独设置采购部，负责酒店经营所需的各种物资以及后厨所需食材的采购；而比较小型的酒店可能就直接由总务部负责整个酒店物资的采购工作。无论是哪种规模的酒店，在进行物资用品采购时，一般流程如图5-2所示。

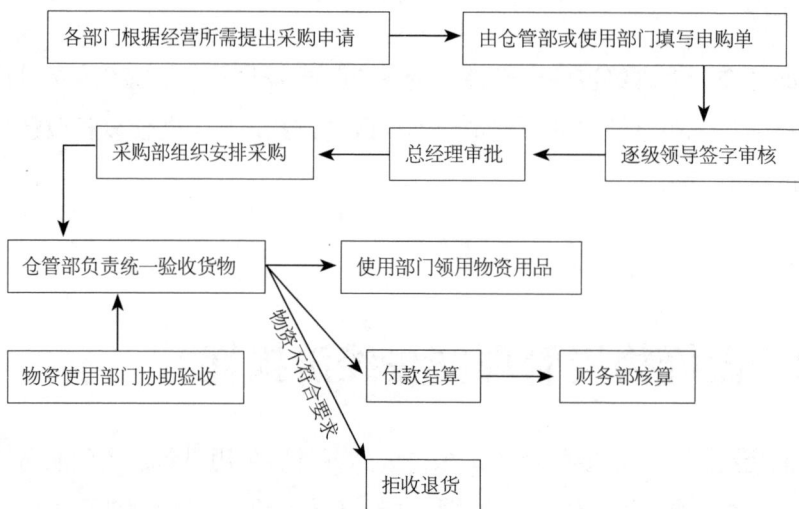

图5-2　酒店物资用品采购流程

为了规范酒店物资用品的采购工作，酒店可以制定相关制度或办法，明确物资用品采购标准，规范采购工作的操作和流程。

实用范本 酒店物资用品采购管理制度

一、各类物品采购工作流程

1.仓库补仓物品的采购工作流程。

仓库的每种存仓物品，均应设定合理的采购线，在存量接近或低于采购线时，即需要补充货仓里的存货。各部门按计划需要补充物品的，由各部门填写需用计划表交食品库库管或物品库库管，库管员汇总各部门需申购的货物，再根据库存情况，填写采购申请单，且采购申请单内必须注明以下资料：

（1）货品名称，规格；

（2）平均每月消耗量；

（3）库存数量；

（4）最近一次订货单价；

（5）最近一次订货数量；

（6）提供本次订货数量建议。

经××董事签批同意后送采购部经理初审，采购部经理在采购申请单上签字确认，并注明到货时间。采购部经理初审同意后，按仓库采购申请单的采购内容要求，在至少三家供货商中比较，选定相应供应商，提出采购意见。经总经理批准后，采购部立即组织实施，一般物品要求，三天内完成。如有特殊情况，要向主管领导汇报。

2.部门新增物品的采购工作流程。

若部门欲添置新物品，部门经理或各餐厅总厨应撰写有关专门申请报告，经总经理审批后，连同采购申请单一并送交采购部，采购部经理初审同意后，按采购申请单的内容要求，在至少三家供货商中比较，选定相应供应商，提出采购意见，经总经理批准后，采购部立即组织实施。

3.部门更新替换旧设备和物品的采购工作流程。

若部门欲更新替换旧设备或旧物品，应先填写一份物品报损报告给财务部及总经理审批。经审批后，将一份物品报损报告和采购申请单一并送交采购部，采购部在采购申请单内注明以下资料：

（1）货品名称，规格；

（2）最近一次订货单价；

（3）最近一次订货数量；

（4）提供本次订货数量建议。

采购部在至少三家供应商中比较价格品质，经总经理批准后，组织采购。

4. 鲜活食品冻品的采购工作流程。

蔬菜、肉类、冻品、海鲜和水果等物料的采购申请，由食品库主任或各部门总厨根据当日经营情况，预测第二天的用量，填写每日申购单交采购部，采购部当日下午以电话落单或第二日直接到市场选购。

5. 燃料的采购工作流程。

采购部根据营业情况与工程部编制每月燃油、石油气、柴油采购申购计划，填写采购申请单，并组织实施。

6. 维修零配件和工程物料的采购工作流程。

…………

酒店物资用品的类别比较复杂，因此采购工作比较繁重，有了相应的采购管理制度，工作更有章法，不容易出错。

5.2.2 物资用品的日常使用规范

因酒店物资用品种类繁多，且分布在酒店的各个部门，常规采用分级分部门的管理方式会产生许多管理漏洞。

实务中，比较理想的酒店物资管理系统应分两个方向，一方面由较高级别的物资专管部门在业务和行政上管理、控制所有部门的物资，通常设立仓管部门；另一方面指定财务部门对酒店物资用品进行监控，同时监督仓管部门的工作。

◆ 仓管部门实际控制酒店物资管理过程

由仓管部门全面管理酒店物资的运转，包括直接管理酒店物资用品的采购、验收、保管和发放，领导各部门的物资保管与核算工作。此时各部门在必要时也可以进行单独采购，但单独采购时的采购、验收、保管和发放等业务也要归酒店仓管部门直接管理。

◆ 财务部门负责协助和监督控制

酒店的财务部门要协助仓管部门做好酒店物资用品的使用管理工作，达到监督控制的作用。仓管部门编制物资用品明细账，财务部门实时监控明细账，防止仓管部门对物资用品的管理出现差错。

而酒店的物资用品日常使用涉及领用、使用和维护保养。其中，物资用品的领用涉及酒店物资用品收、发、存管理，会影响物资用品台账，所以领用时一定要办理相应的领用手续，签字确认，以示责任。

而使用和维护就是每个使用部门的工作了，各部门因酒店经营需要而必然会使用物资用品，但为了提高各类物资用品的使用寿命，必须在日常使用过程中遵守标准的操作规范，同时做好维护保养工作。

下面来看某酒店制定的物品领用管理规定。

实用范本 酒店物品领用管理规定

根据酒店总经理办公会的指示精神，进一步加强物品材料管理，严格领用管理办法，厉行节约，降低成本费用的要求，特制定以下酒店物品领用管理规定。

1. 各部门要认真贯彻节能降耗的要求。做好本部（室）物品的领用计划及所需开支预算，严格按照办公所需领用物品。努力降低成本费用，减少一切不必要的开支。

2. 由计划财务部下发仓库内日常必备用品项目方案，并额定金额，各部门按库存项目方案领用。

3. 各部门要认真按照领用物品管理规定的要求，由专人填写好物品领用清单，写明物品的名称、规格和数量。由部门经理签字或盖章后到计划财务部报批。

4. 计划财务部接到领用单后，由负责人认可签字后，到仓库领用。计划财务部应根据使用情况，批准领用项目方案和数量。

5. 仓库管理员要认真按照领用物品清单，填写出库单并由领用人签字，一式三联，一联库房存根、二联财务、三联记账。

物资用品领用单模板，见表5-2。

实用范本　　　　　　表 5-2　物资用品领用单

领用部门：　　　　　　　　　　　　　　　　编号：

物资编号：　　　　　　　　　　　　　　　年　月　日

物资名称	规格型号	单位	数量		金额	
			请领数	实发数	单价	金额
	合计					

关于物资用品的具体使用，可参考各物资用品的使用说明书，规范操作。而物资用品的维护保养则参照设施设备的维护保养同步进行。

5.2.3　物资的仓管工作

酒店物资的仓管工作很显然由仓管部门负责，具体的工作包括但不限于表5-3所示的一些内容。

表 5-3 酒店物资仓管工作的具体内容

条 目	工作内容
1	在总经理、财务会计的领导下，负责酒店物资用品的验收、入库、发放、保管、盘点，做到手续清楚、数字准确、保管得当、开单迅速、不出差错
2	熟悉各种材料及工器具的用途和使用方法
3	按各种物资的性能和要求分类，妥善保管，经常检查 / 翻晒，防止霉烂，防止积压，保证仓库的温度
4	认真做好仓库环境卫生工作
5	对采购材料做到依实物入库，不得以票据入库，并对入库材料分类堆放，悬挂标志，做到一目了然、堆放整齐、账物相符
6	各消耗材料必须根据项目经理批签后的领料单发放，部分消耗材料收回原旧物时可发放，即收旧领新
7	每月底对库房进行盘查，对上月的所有工器具、办公用品和材料分类汇总，制表一式三份，分别上报总经办和财务部
8	坚持"四个禁止"，即禁止无关人员入库，禁止为个人存放物品，禁止在库房饮酒、吃零食，禁止危险物品与其他物品混放
9	合理制订库存物资补充计划，控制最高库存量和最低库存量，随时掌握库存情况，及时提供库房物资进、销、存数据，充分发挥库房"蓄水池"作用
10	完成财务会计或总经理临时交办的其他事宜

必要时，酒店可以制定相应的仓库管理工作规范或制度。下面来看一个范本。

实用范本 酒店用品仓库管理制度

一、目的

通过制定仓库作业规定，指导和规范仓库人员日常作业行为，加强仓库管理，保证库房规范、高效、有序运作，保障仓库财产物资安全，减少不良、呆滞物料损失，降低库存占用资金，满足酒店经营对物料管理的要求。

二、范围

仓库工作人员。

三、职责

仓库管理员负责货品的收货、入库、发货、退货、储存、防护、安全的工作；做到货品不随意出仓，仓库整洁有序。

四、仓管人员应具备的基本技能

1. 熟练掌握出入库作业及库房管理的方法、规范及操作程序。

2. 熟悉仓库管理制度及相关管理流程。

3. 具备一定的陶瓷、玻璃、五金、家电产品知识，熟悉经管物料、产品。

4. 具备一定的质量管理知识和财务知识。

5. 懂电脑基本操作。

五、仓库具体管理规定

1. 货品的验收入库管理。

（1）在送货人把货品送到仓库时，首先观察货品外箱是否有破损，再核对收到的总箱数是否与货运单一致，确认没问题方可签收。

（2）若货品清单在货品箱内应先取出，再进行点货，若有其他单据一并取出，验收完成后将全部单据上交主管处理。主管应及时通知使用部门货物已到可以进行领用。

（3）货品到达仓库后仓管员依据货物清单（如无清单依据申购单）上所列的货号、尺码和数量进行核对、清点，确认无误后方可入库并及时做好系统的入库。

（4）对收到货品有更换标识（品名）的需立即换上正确标识以避免后期领用错误。

（5）对入库的货品应及时的上架，摆放在相应的货架上，以便及时有效地发货。

（6）仓管员要严格把关，有以下情况时可暂时部分拒绝验收或入库。

①外包破损（先与送货人当面清点大数）。

②大数与货运清单对不上（立即上报上级寻求解决方案）。

③货品运输途中导致的问题（如破损、被雨淋湿）。

（7）货品入库的运费单上的签字必须写明商家和部分商品。

（8）货品实物和货品清单如有出入（数量、质量）情况，仓管员及时通知使用部门主管进行询问核对。

（9）仓管员对无需系统入库的货品及时做好货品的登记，随时做好货品的跟踪，并及时通知相关人员尽快领取货品。

2. 货品保管仓库管理。

…………

以上制度和程序随工作需要以月为单位修改。

从上述案例展示的酒店物品仓库管理制度的部分内容可知，物品仓库管理工作涉及物品的入库、出库以及保管，每一环节都不能马虎。

5.3　做好消防安全管理保护生命财产

近乎密闭式管理的酒店经营，在经营管理过程中有一项工作尤其重要，即消防安全管理。酒店的消防安全管理工作是否到位且全面，直接关系着宾客和员工们的生命和财产安全。

5.3.1　消防安保的岗位设置与职责范围

为了科学设置部门岗位，消防安保工作一般统一由安保部门领导并组织实施。换句话说，安保部门的员工其工作职责包括消防安全管理。

要保证酒店的消防安全管理工作井然有序，要从源头出发，科学设置安保部门的岗位及相应的职责范围，明确各岗位员工的工作内容，使安保人员深刻了解自己的责任。如图5-3所示为一般的酒店安保部门组织结构。

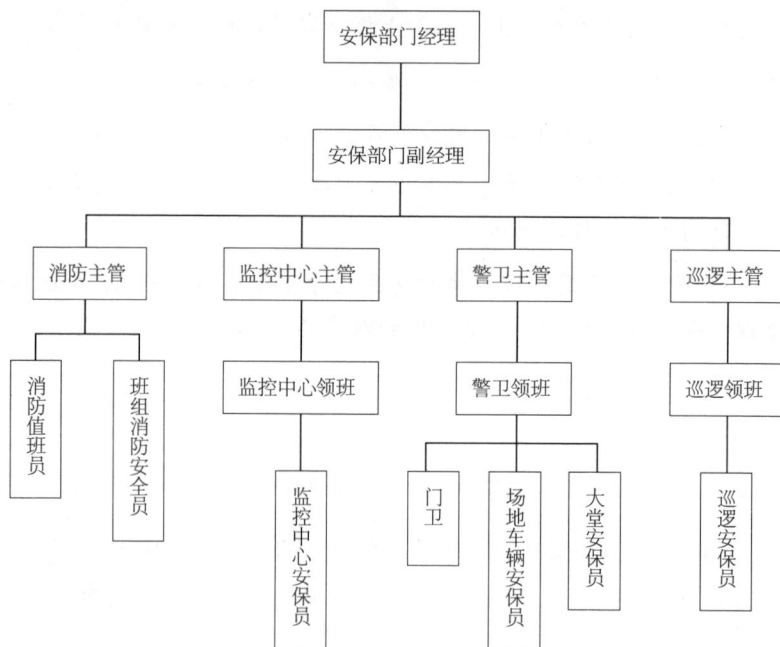

图 5-3　酒店安保部门组织结构

安保部门常见岗位的工作职责，见表 5-4。

表 5-4　安保部门常见岗位的工作职责

岗　位	工作职责
安保部门 经理	①对总经理负责，组织领导酒店的治安保卫工作，对酒店的治安保卫工作和消防工作负全面责任 ②熟悉并掌握酒店的地理位置及重点要害部位、设施设备的布局情况 ③组织实施安全保卫责任制和安全操作规程，定期检查执行情况，对存在的问题和隐患按规定的期限及时整改 ④主持部门例会，传达总经理和有关主管部门的指示精神 ⑤做好安保部门人员的管理和培训，监督检查安保人员风纪和工作落实情况 ⑥监督检查酒店四防安全情况和交通管理情况，处理酒店内各类治安案件，协调主管机关和派出所的关系 ⑦做好酒店内的四防安全和法制宣传工作，提高宾客安全意识等 ⑧对安保人员的聘用和解聘提出建议等

续上表

岗 位	工作职责
安保部门 副经理	①负责安保部经理不在岗时的代理经理职权 ②独立处理酒店发生的各种治安问题 ③负责调动各部保安力量处理应急安全事务 ④督促酒店各部门落实安全管理岗位职责，分析存在的问题，及时提出改进意见，确保酒店及客人的人身和财产安全 ⑤每周上呈一份安保工作报告给安保部经理等
消防 值班员	①认真贯彻执行"预防为主，消防结合"的消防方针，积极参加消防训练，提高安全防火意识 ②保持警惕，认真做好防火、防盗、防毒和防爆工作，杜绝不安全事故的发生 ③学习并了解酒店各消防系统的分布情况，熟练掌握各种消防设备的使用操作 ④负责酒店消防器材和设施的维护保养工作 ⑤对酒店主要设备保证每班巡查一次，及时发现问题并处理问题 ⑥坚守岗位、集中精力、认真监视，发现设备报警时及时查明报警位置和报警情况，切忌不查明原因放任不管 ⑦认真填写巡查记录和交接班记录等
班组消防 安全员	①协助消防主管全面负责班组安全消防工作 ②认真贯彻落实国家有关法律、法规和酒店相关文件精神 ③每天对本班组的消防安全工作进行自查，发现问题及时处理或上报 ④每周组织班组成员学习各类安全消防知识，负责在岗员工、新员工、临时工以及休假半年以上员工的相应等级安全教育 ⑤做好班组安全消防台账 ⑥发现违章操作及时制止，并基于相应的安全消防教育 ⑦发现火灾隐患及时整改或上报 ⑧积极参加酒店开展的各种类型的安全消防活动等
监控中心 安保员	①负责酒店监控室屏幕及消防监测设备的监视工作 ②准确掌握监控点位置及设备的操作规程，规范操作监控设备 ③负责监控室内的卫生清扫工作 ④发现异常情况和可疑人员及时报告，并且通知相应安保人员到现场查看 ⑤负责整个酒店的监控录像带的管理工作 ⑥发现火警立即报告并按报警程序报警等

续上表

岗　位	工作职责
门卫	①维护酒店大门外的交通秩序，引导车辆行驶和行人过往，保障车辆和行人安全 ②负责将衣冠不整和形迹可疑者阻拦在外 ③协助酒店迎宾员照料乘车来的客人下车 ④做好迎接旅游团的安全准备工作，在旅游团客人到达前的一定时间内疏通好车道和停车位 ⑤及时发现带危险品、易燃品和易爆品入住客人并劝其交安保部保存 ⑥欢送离店客人并欢迎其下次光临，同时有礼貌地查询带有大件行李离店的客人，确认无误后帮助客人搬运行李等
场地车辆安保员	①认真学习酒店的各项制度和部门规定，学习法律知识 ②积极维护酒店停车场地的交通治安秩序，做好防火、防盗、防偷和防破坏等工作 ③为进入停车场的车辆指明停放地点，验明车况是否完好，如反光镜、车灯明显部位及车货物数量，做好详细记录，督促车主当场检验，同意后签字接收 ④负责外来车辆的收费工作 ⑤认真检查开出停车场的车辆，情况属实可放行，若发现手续不齐或可疑情况，应立即进行查验、阻拦并及时上报 ⑥禁止无关人员在停车场停留、骑单车或摩托车，或者在停车场学开车等
大堂安保员	①注意过往客人的动向，细心观察，保证酒店和客人的生命财产安全 ②协助总服务台办理退房或离店手续，防止客人行李被人拿走 ③维护大堂秩序，保持大堂高雅肃静 ④负责大堂设施设备的安全、完整，防止客人损坏设施设备 ⑤夜间加强大堂管理，发现可疑人员及时上前询问并做好信息登记 ⑥负责大堂环境卫生，热情、礼貌、周到地接待客人等
巡逻安保员	①认真履行职责，及时发现事故苗头，消除隐患，确保酒店和他人安全 ②加强重要区域外巡逻，发现可疑情况及时处理或报告当班领班和经理 ③进行楼层巡逻，检查客房安全管理情况，查看是否有不安全因素，看消防设施是否齐备，安全通道是否畅通，电插座、强护板等是否安全 ④巡逻时发现有违反酒店规定，在楼层或客房内闹事、斗殴，或损坏酒店设施的，及时劝阻并将涉事人员带至安保部门酌情处理 ⑤在楼层发生火警、凶杀或爆炸等事故时，迅速组织客人疏散并保护现场，防止事态扩大 ⑥保护酒店花圃的花草树木和园林建筑不遭受损坏，及时制止折花的宾客，并按规定处理等

5.3.2 火灾的预防

各酒店在经营管理过程中，几乎每一个角落都容易发生火灾，如仓管部、客房、餐厅和厨房，而主要的火灾风险包括以下一些因素：

①客人吸烟后不熄灭烟头，在室内外乱扔；

②客人在酒店燃放烟花爆竹，引燃酒店内的可燃物品；

③大功率电器超负荷运行，导致线路发热起火；

④酒店电线老化引起短路，加上设备陈旧，接触不良导致线路发热起火；

⑤厨房油炸、炒菜作业操作不当，导致温度过高起火；

⑥厨房煤气管道漏气、柴油管路漏油。

针对这些常见的和其他不常见的火灾风险因素，酒店应如何做好风险预防，防止火灾呢？具体可从以下一些方面入手。

酒店消防队落实防火安全工作。制定各种防火安全制度，督促各部门贯彻落实防火安全措施；开展防火宣传教育；对酒店员工进行消防业务知识培训；负责调查了解违反消防规定的原因并提出解决处理的意见，向总经理报告；制订酒店重点位置的灭火作战方案并不定期组织演练；监督酒店施工人员在施工期间的消防安全等。

消防值班中心落实防火安全工作。将酒店每天的消防情况记录下来，定期呈送上级领导查看；联合班组消防安全员定期或不定期检查酒店各部门的防火安全情况和各种消防设备、灭火器材，及时发现隐患并督促有关部门整改。

施工动火工程必须办理相关手续。施工单位为酒店施工动火前必须采取有效的防火安全措施，要有专人负责向消防部门申报，同意后才能动火，动火后要认真检查现场，防止因留下火种而引起着火。另外，动火必须做到"八不、四要、一清"。

知识扩展 动火必须做到的"八不、四要、一清"

　　动火前"八不"：防火、灭火措施不落实不动火；周围的易燃杂物未清除不动火；附近难以移动的易燃结构未采取安全防范措施不动火；凡盛装过油类等易燃液体的容器和管道，未经洗刷干净、排除残存油质不动火；凡盛装过气体受热膨胀有爆炸危险的容器和管道不动火；凡储存有易燃易爆物品的车间、仓库和场所，未经排除易燃易爆危险的不动火；在高空进行焊接或切割作业时，下方可燃物品未清理或未采取安全防护措施的不动火；未配备相应的灭火器材的不动火。

　　动火中"四要"：动火中要有现场安全负责人；现场安全负责人和动火人员必须经常注意动火情况，发现不安全苗头时，要立即停止动火；发生火灾、爆炸事故要及时扑救；动火人员要严格执行安全操作规程。

　　动火后"一清"：动火人员和现场安全责任人在动火后，应彻底清理现场火种后才能离开。

　　酒店主楼内部的消防安全管理工作。不准存放易燃易爆、有毒和腐蚀物品；禁止在楼梯间和房间阳台燃放烟花、爆竹；客房内禁止使用明火电炉、煤气、柴油炉和大功率的电器设备；禁止将衣物放在台灯罩上烘干；房间内禁止焚烧东西；配电房内不准堆放物品；严禁将洗涤剂放在垃圾或衣物滑道口周围；各走道楼梯出口等位置要保持畅通，疏散标志和安全指示灯要确保完好；装有复印机、电传机的地方禁止吸烟和使用明火；用酒精清洗机器部件时要保持室内通风，且机器周围不得堆放可燃物品和废纸，大清洗时要安排到室外进行。

　　加强仓管部防火安全管理。库内物品分类储放，库内主通道留出 1 ～1.5 米，货物与墙壁、灯、屋顶之间保持 50 厘米距离；库内照明灯在保证照明质量的前提下尽可能减小瓦数，不准用可燃物做灯罩；库内不准用碘钨灯、日光灯、电熨斗、电炉、电烙铁、电视机和电茶壶等电气设备，各类物品要标明性能和名称；库内电源开关要设在门口外面，要有防雨、防潮保护；物品入库时要防止带火种，潮湿物品不入库，物品入库半小时后巡查一次，发现问题及时报告，堆积时间较长的物品要进行翻堆清仓，防止物品积热发生自燃。

加强厨房防火安全管理。安全规范使用酒精炉，备用酒精存量不得过多，且应由专人保管，总备用酒精由仓管部负责保管；使用液化气点心车时必须严格执行安全操作规程，使用前要检查输气胶管是否完好、牢固，气瓶是否漏气等，发现问题要立即报告液化站人员进行处理，如果因漏气着火，应立即将车推出厨房或餐厅外面通风处处理；各种厨房设施设备和工器具的使用要符合安全操作规范，禁止使用未经检验合格的设施设备和工器具；厨房服务人员下班前必须严格检查各个用火点，保证油、气、电、水、火各个部位关闭，关好门窗通道后离开。

酒店要重视对火灾的预防工作，要以预防为主，消防结合，切忌抱着侥幸心理得过且过。

5.3.3 日常消防安全检查

由于酒店消防安全管理重在"预防"，因此日常消防安全检查工作就显得尤为重要。下面对日常消防安全检查的内容和方法作简单介绍。

（1）日常消防安全检查内容

酒店日常消防安全检查主要内容，见表 5-5。

表 5-5 酒店日常消防安全检查的主要内容

检查内容	简要说明
查火灾隐患	火灾隐患通常指单位、场所、设备和人们的行为违反消防法律、法规，有引起火灾或爆炸事故、危及生命财产安全、阻碍火灾扑灭等潜在的危险因素和条件。如酒店缺少消防水源，消防车通道堵塞，消火栓、水泵接合器和消防电梯不能使用或不能正常运作 影响人员安全疏散或灭火救援行动且不能立即改正的，消防设施未保持完好有效而影响防火、灭火功能的，均确定为火灾隐患

续上表

检查内容	简要说明
查疏散通道和安全出口	①看安全疏散通道和安全出口是否畅通，是否有被占用的现象，门是否被锁上 ②看封闭楼梯间和防烟楼梯间的门是否完好，是否有正确的标识 ③看有门禁系统的疏散门是否能保证火灾时人员疏散畅通的可靠性 ④看常闭式防火门是否保持常闭，开启式防火门是否可以保证在火灾时能自动关闭 ⑤看窗口和阳台是否有影响逃生和灭火救援的栅栏 ⑥看酒店各楼层的明显位置是否设置有安全疏散指示图，图上是否标明疏散路线、安全出口、人员所在位置和必要的文字说明等
查疏散指示标志	消防疏散指示标志由疏散方向标志和安全出口标志组成 ①酒店面积较大的，查是否设置灯光疏散指示标志 ②查疏散门的正上方是否设置灯光疏散指示标志 ③总建筑面积过大的酒店，查是否在疏散走道和主要疏散路线的地面上增设能保持视觉连续的灯光疏散指示标志或蓄光疏散指示标志 ④查安全出口和疏散门的正上方是否采用"安全出口"作为指示标识 ⑤查灯光疏散指示标志的备用电源的连续供电时间是否充足，一般应不少于30分钟等
查消防车通道	酒店应设置消防车通道，而消防车通道的转弯半径应符合行业标准
查灭火器配置及其有效情况	①查灭火器是否有产品证书和合格证 ②查灭火器的类型、规格、灭火级别和设置方式等是否符合要求 ③查酒店内部配置的灭火器数量是否足够 ④查消防人员和服务人员对灭火器是否会操作灭火器等 ⑤查酒店内灭火器的设置位置是否明显、合理且便于取用，是否有相应的保护措施，如采取灭火器箱 ⑥查灭火器设置位置处是否有醒目的位置标识 ⑦查灭火器是否有明显缺陷或机械损伤等
查室内消火栓	①查酒店内部是否设置消火栓，规模较小的酒店可只在相应的位置设置灭火器 ②查设置消火栓的地方是否有明显的消火栓标识，消火栓箱是否上锁（一般不应上锁），箱内设备是否齐全、完好，箱内是否堆放杂物（一般不应堆放杂物）
查消防软管卷盘或轻便消防水龙	如果酒店建筑较高、楼层较多、面积较大，应设置消防软管卷盘或轻便消防水龙。查这些设备是否完好无损，是否能正常使用，设置位置是否明显且具有保护作用等

续上表

检查内容	简要说明
查消防安全标志	查酒店内部是否在相应位置设置明显的消防安全标志，如消防按钮、发生警报器、火警电话、消防电话、灭火设备、手提式灭火器、推车式灭火器、消防水泵接合器、消防软管卷盘、禁止用水灭火、禁止吸烟、禁止烟火、禁止放易燃物、禁止阻塞、禁止封闭消防安全标志
查消防控制室	①查消防控制室是否实行每日24小时专人值班，每班人数是否符合要求 ②查消防控制室的高位消防水箱、消防水池和气压水罐等消防储水设施的水量是否充足 ③查消防控制室的火灾自动报警系统和灭火系统是否处于正常工作状态 ④查消防控制室是否设置一部可直接拨打119报警电话的固定电话，是否设置有火灾事故应急照明和灭火器等消防器材 ⑤查消防控制室内是否存放易燃易爆危险物品或堆放与设备运行无关的物品和杂物等

　　酒店在进行日常消防安全检查时，需要检查的内容包括但不限于上表所示的这些，检查内容应尽可能全面、细致。

（2）日常消防安全检查方法

　　酒店进行日常消防安全检查的方法，可以简单地从"看""问""查""试"入手。

　　"看"。主要看消防设施设备、消防工作等是否符合相关法律、法规、标准和规章的规定，不符合的即确认为消防隐患。

　　"问"。询问各部门和各岗位的消防安全管理员，了解消防安全管理工作的实施和组织的概况以及对消防安全工作的熟悉程度；询问宾客聚集场所的服务人员是否了解组织引导在场宾客疏散的知识和技能，以及报火警和扑救初起火灾的知识和技能等。

　　"查"。查酒店是否制定消防安全管理制度，是否对消防安全管理工作进行了详细的记录，是否设置了消防安全工作台账，是否有相应的消防安全工作的审批文件，是否有消防安全方面的相关证书等。

"试"。大部分消防器材和设施设备需要通过试验来检查是否能正常运作和使用,如防火卷帘门窗,可按下防火卷帘手动按钮,看卷帘是否迅速平稳上升、停止和下降;卸下一个火灾自动报警器,看消防控制室是否能迅速接收到故障报警;开启消火栓阀门,检查消防水管内是否有水等。

5.3.4 防汛工作的开展

广义上的消防安全管理不仅包括火灾预防和扑救,还包括防汛工作。防汛是指为了防止和减轻洪水灾害,在洪水预报、防洪调度、防洪工程运用等方面进行的有关工作。

通俗点讲,防汛工作可简单理解为防止水灾而需要做的事情。酒店开展防汛工作,不仅要做好防汛的准备工作,还应明确汛前检查的内容、汛期工作和汛后工作。

(1)准备工作

无论酒店是否面临汛险,消防队伍都要做好如下防汛的准备工作,以期在出现汛险时能及时开展防汛工作。

①酒店的消防队伍要切实做好防汛知识的学习和掌握;

②消防队伍要向酒店各部门员工传达防汛知识和一些简单的防汛操作和处理办法;

③建立健全洪水预报警报系统;

④在进行消防检查工作的同时进行各种防洪设施设备的检查;

⑤备足相应的防汛物料,如土、沙、石、木料和麻袋等。

(2)汛前检查工作

酒店在预估会面临汛险或实际接收到相关部门的汛险通知后,需要做好汛前检查工作，具体检查包括下列所示的一些内容：

①防汛组织机构（如防汛责任部门、抢险队伍）是否健全，指挥调度是否顺畅；

②是否制定了相应的防汛制度、措施以及应急预案；

③防汛预报警报系统是否健全，防汛设施设备和物料是否满足防汛要求；

④动力、通信、交通、供水、排水和消防等设施是否可靠；

⑤是否设置了通畅的人员疏散安全通道等。

（3）防汛工作

出现汛情后，酒店消防队伍应及时做好防汛工作：

①实时掌握汛情和天气情况，并将其告知到酒店的入住宾客，同时预测可能产生的洪峰、增水和洪量等汛情，必要时下达警报；

②依据汛情和酒店的防汛调度方案、防汛物资准备等，进行防洪调度，视具体情况合理运用分洪、蓄洪和滞洪等措施；

③组织防汛人员 24 小时不间断地巡查，及时发现汛情，分析原因、正确判断，同时拟定防汛抢险方案，组织防汛抢护；

④遇到超标准的汛情时，人力不能抵御的，应立即请示上级同意，按照批准的紧急措施和方案，执行临时的分洪紧急措施，尽量减少损失和避免人员伤亡，迅速转移宾客。

酒店的防汛工作还是要遵循消防安全管理的统一原则，即"预防为主，消防结合"，防汛工作应勤检查、早发现、早准备。

（4）汛后工作

汛后，酒店要针对当次防汛工作进行全面自查，总结经验教训，对有损坏的防汛设施设备进行必要的维修加固，同时对采取紧急防汛措施后遗留的问题进行善后。对于发生过宾客转移的情况，还应做好宾客的安抚及相关入住处理。

5.3.5　重要宾客的安保工作

酒店经营管理过程中，难免会接待一些重要宾客，如行业专家和企业家等。由于这些重要宾客在社会上有着比较重要的地位，其人身安全及财产安全会受到极大的关注，因此酒店在接待这样的重要宾客时，安保工作必须全面、严密。

原则上，酒店对于重要宾客的接待要制订专门的接待计划和方案，按照接待计划和方案执行接待工作。从接待流程上看，接待重要宾客的流程与接待一般宾客的流程显然是有区别的，尤其是在安保工作方面。

酒店安保部门接待重要宾客的流程大致上分为如下六步。

第一步：明确本部门接待任务和要求。酒店安保部门接到营销部或总务部下发的重要宾客接待计划书后，立即仔细阅读并做好记录，然后由安保部门经理参加营销部或总务部召集的接待专门协调会议，明确本部门接待任务和要求。

第二步：制订安保计划。安保部门经理召集本部门领班职务以上的人员开会，制订部门接待计划，明确责任到人，并根据需要，结合公安保卫方案，制订安保计划，合理配置安保力量，实行 24 小时楼层巡视。

第三步：配合客房部做好相应的检查工作。安保部的各岗点各员工必须熟记重要宾客的人数、姓名、身份、在店时间和活动过程等情况，积极主动配合客房部检查重要宾客的客房以及所处楼层，保障任何设施设备不发生故障。

第四步：做好重要宾客入住期间的安保工作。安保部门定期检查楼层和公共区域的安全标识等，及时处理各种不安全隐患；严密控制重要宾客在店期间的其他人员进出酒店的情况；保障重要宾客在店期间前往各场所活动的安全；每日疏导酒店出入车辆，确保重要宾客的车队及时进出酒店等。

第五步：**安全欢送重要宾客离店。** 重要宾客离店时，安保部门也要做好相应的安保工作，避免有心人士或不法分子寻衅滋事，威胁重要宾客的人身及财产安全。

第六步：**总结重要宾客安保工作的完成情况。** 重要宾客离店后，安保部门的工作并没有真正结束，安保部经理还应组织部门人员开会，总结当次重要宾客安保工作的完成情况，分析优劣，提出改进意见和措施。

下面来看某酒店制订的重要并可安全保卫方案。

实用范本 **重要宾客安全保卫方案**

为了确保××年×月×日外籍重要宾客在我酒店的安全，显示我司对重要宾客的安全保卫能力及组织能力，根据集团公司的要求，结合我们酒店的实际情况，特制定本安全保卫方案。

一、目的

确保接待现场的良好秩序，保障客人人身安全不受骚扰。

二、时间

××年×月×日×时～××年×月×日×时。

三、地点

地下车库至酒店楼层。

四、客人

外籍人士（由于涉外安保活动，全体员工必须高度重视）。

五、安保人员

安保部工作人员（共计×人）。

六、人员分工与职责说明

（一）组织架构

总指挥：×××　　副总指挥：×××

现场指挥：×××　　现场副指挥：×××

交通组组长：×××　　警戒组组长：×××

监控应急组：×××　　楼层巡查组：×××

（二）职责说明

1. 交通组：××路地下出入口、××路地下出口和地下停车场为责任区域。

（1）人员分工。

组长：×××

××路地下出入口（2人）：×××　　×××

××路地下出口（1人）：××

地下停车场区域（3人）：×××　　×××　　×××

（2）岗位职责。

①车队到达时，出入口2名安保人员将××路出入口的往来车辆暂时截停，确保重要宾客的车队顺利进入地下车库。

②车辆进入车库后及时指引车辆到××号客梯入口处，让客人下车直接进入电梯。

③客人下车后及时将车辆指引到预先预留好的专用车位上停放。

④非重要宾客车队的车辆严禁进入专用车位停放，车道随时保持畅通。

⑤负责地下停车场的交通安全和警戒任务，禁止闲杂人员进入地下停车场现场和靠近重要宾客车辆。

⑥重要宾客车队进出停车场统一手动开闸，不发车卡，由××号岗直接进入，××号岗出，手动开闸直接放行。

2. 警戒组：中央收费处至地下××号客梯处为责任区域。

（1）人员分工。

组长：×××

中央收费处（2 人）：×××　　×××

…………

5.3.6　日常巡视与值班管理

酒店日常巡视与值班管理也是安保工作的重要内容，必要的巡视工作可帮助酒店及时发现可疑人员和情况，从而做出反应；值班管理则可以保证酒店每天经营的 24 小时都有相关工作人员处理宾客的问题，提高酒店服务的便捷性。

（1）日常巡视

酒店安保人员开展的日常巡视工作，包括但不限于如表 5-6 所示的 10 点内容。

表 5-6　酒店安保人员日常巡视工作的内容

条　目	巡视内容
1	疏散通道、安全出口是否堵塞、上锁，防火门是否关闭，防火卷帘下方是否堆放有物品而影响使用
2	应急照明和疏散指示标志外观是否完好
3	自动消防设施所含的烟感、温感和可燃气体探测器，以及手动报警器按钮、闭式喷头和防火门、防火卷帘、灭火器材等控制点外观是否完好
4	楼层配电柜的运转和指示灯的工作是否正常，有无异味
5	餐厅有无乱拉临时电气线路的现象，厨房炉灶的使用是否符合安全规定，管理阀门是否完整，营业结束后关闭气源、火源和电源及登记情况
6	消防控制中心、泵房、发电机房和配电室等部位值班人员是否按规定在岗
7	用火、用电违章情况
8	查在非开放区域的陌生人，阻止无关人员进入非公共区域，发现可疑情况立即上报主管并注意其动态
9	维护酒店内公共场所的正常经营秩序，做好"五防"工作
10	每日巡视过后要认真填写巡视记录，及时纠正违章行为，妥善处理发生的火情，无法当场处理的，应立即报告上级领导

上表中的酒店日常巡视内容可以总结出巡视的区域，主要包括酒店各楼层所含机房、客房公共走道、餐厅、厨房、停车场、机房、库房、消防控制中心及其他公共场所等。

每个班组负责巡视的安保人员数量多少，由酒店根据自身安保力量的多少进行合理分配。

（2）值班管理

值班有两层含义，一是在当值的班次里担任工作；二是轮班当值。酒店进行值班管理，目的是防止宾客有需求时找不到工作人员的情况发生。

酒店的值班管理要明确各责任人的值班时间，做好值班安排，明确值班纪律、值班内容和值班责任等。下面通过某酒店制定的值班管理制度，了解酒店值班管理的大致内容。

实用范本 酒店值班管理制度

为加强酒店内部管理，明确值班经理的管理意识和工作职责，增强值班人员工作责任感，及时处理突发事件，结合本单位工作特点，特制定本管理制度。

一、值班时间

周一至周日，每日下午18:00至次日上午6:00。

二、值班安排

1. 由质量管理部编制每月值班人员安排表，按顺序轮流值班。参加值班人员：××～××共9人。

2. 除总经理批准同意，值班经理不得任意调换。

3. 值班经理准点到前台签到、阅读交接班记录。

4. 值班经理对值班记录巡视情况、各种问题处理情况等如实记录。

5. 在不影响客房营业的情况下，在客房设立相对固定值班经理房，值班经理可于晚上22:00以后到前台领取值班房钥匙，在此之前不得提早进房。

值班经理在房内休息时，不能饮用或使用房间的消费品。

6. 值班经理的值班补贴为 × 元／人／晚。

三、值班纪律

1. 遵守值班工作制度，按时交接班，坚守工作岗位。

2. 以身作则，当值期间严格遵守酒店各项规章制度，不得在当值时间进行任何娱乐活动。

3. 忠于职守，值班期间对酒店事业部各营业场所、工作场所进行巡视检查，积极、认真、迅速地处理各种问题，在遇到重大或紧急情况时及时报告总经理。

四、值班内容

值班经理代理总经理，全权负责处理酒店事业部内经营管理中发生的一切问题，确保酒店事业部经营管理工作的正常进行。

1. 突发事件处理。事发部门应第一时间通知值班经理，值班经理接到通知后必须在3分钟内亲自到场处理，跟进事件的最终处理结果是否到位，并做好值班记录。

2. 宾客投诉处理。当值期间发生客人投诉，应谨慎行事，抱着实事求是的态度进行解决，尽量避免损失，并将处理结果做好记录。

3. 巡视检查。对酒店事业部各要害部位，如餐厅、厨房、客房楼层、空调机房和煤气房等加强巡视检查，会同安保当值人员切实做好酒店事业部的安全保卫工作，注意防火防盗；检查当班员工劳动纪律、礼节礼貌等情况。

4. 审阅安保巡查记录，检查安保夜查、巡视情况。

5. 填写值班记录，做好与部门的协调联系，记录当值期间处理的事件与问题、未尽事项及需要与部门协调的事宜。记录应简明扼要、突出重点、文字通顺、字迹清楚。领导层嘱托办理的各种事务性工作也应在值班记录中说明。

6. 各值班经理每天的值班需打卡考勤，质量管理部每月底以打卡记录和签到情况统计值班经理的值班天数。

…………

5.4　紧急情况与重大安全事故的处理

酒店营业期间或多或少都会发生一些紧急情况，有时还可能发生一些重大安全事故。这些情况如果处理不好，将直接影响酒店的声誉，从而对酒店的经营业绩产生不利影响。

5.4.1　各种突发事件的应对

各类酒店常见的突发事件及其相应的应对措施见表 5-7。注意，实务中包括但不限于表中所示的这些突发事件，酒店要注意全面管理。

表 5-7　酒店常见的突发事件及其应对措施

突发事件	应对措施
突然停水	①第一时间通知前厅部，告知停水情况，迅速调查停水原因，确定具体维修时间和预计来水时间，然后通知前台和客房部及时处理宾客的反映情况，并在新到宾客入住前进行情况说明，防止宾客进房后无水使用而发生投诉 ②停水和维修时间如果预计超过 12 个小时的，应立即通知在住宾客并告知详情，由宾客自行决定去留，并对事件的发生表示抱歉，同时可对续住或退房房间采取给予一定优惠，安抚宾客情绪 ③新到宾客在了解情况后仍愿意入住的，也可以给予相应优惠 ④对未退房宾客的基本用水需求予以满足，如洗漱用水和饮用水等，可迅速运送纯净水供宾客使用等
突然停电	①突发停电后，当值经理迅速分配人员携带基础照明设备至每个楼层，及时处理宾客的问题，防止宾客找不到服务人员而造成混乱或事故发生 ②若遇客人询问停电情况，应迅速告知宾客正在处理中，并请宾客回房等候，期间要不断巡查各楼层情况，避免发生安全事故 ③迅速联系相关人员立刻了解停电原因，确定处理方法和时间 ④安排安保人员巡视楼层及前厅部情况，若遇宾客要求退房，应委婉告知目前的情况特殊，请其稍后办理退房手续 ⑤来电后对未退房的宾客逐一致电表达歉意，并采取一定的优惠折扣或赠送相应的礼品，以争取宾客对酒店服务的认可

续上表

突发事件	应对措施
突发火情	①火灾初起时，在控制范围内迅速按操作规程处理并上报 ②如果是明显的局部电源故障引发的火情，应迅速切断电源，再行灭火 ③厨房发生的火情要先切断燃气设备，防止事态发展 ④对于起火原因和起火部位不明，且火势明显不可控的，要立即拨打119报警电话，并按照应急预案的规定迅速疏散在住宾客，每个楼层安排人员迅速按照要求沿安全通道下楼，疏散完毕后清点在住宾客是否相符，确保不遗漏人员
聚众闹事、打架斗殴	①宾客之间发生争执、斗殴，应迅速疏散区域内的宾客到其他区域；对结账的宾客给予适当的优惠，同时避免宾客逃单；如果事态升级而无法控制，且造成损失，应立即上报领导说明情况 ②处理事件的同时立即拨打110报警电话，并保护好现场
宾客突然受伤或晕倒	①发现宾客受伤或晕倒后，应立即通知当值经理迅速判定伤情或病情，无法判断的应立即拨打120急救电话 ②造成明显的磕碰小面积外伤的，由酒店相关服务人员携带医药箱迅速处理，并征询宾客是否需要就医，若宾客要求就医，应迅速将宾客送医 ③无论是宾客自身原因导致的伤情或病情，还是因酒店设施设备及服务导致的伤情或病情，酒店方都要迅速处理，防止其他不良后果的发生 ④在宾客被送医过程中要保护好事发现场，现场为客房的要封闭客房，以便后续查验、处理纠纷等工作的开展
突发抢劫案	①若劫匪持有武器，在场酒店员工应避免与匪徒发生正面冲突，保持镇静并观察匪徒容貌、身型、衣着、发型和口音等形象特征；若未持有武器且酒店有足够人手可以制服匪徒，应等待适当机会将其擒获并交与警方处理，但绝不能草率行事造成不必要的伤亡 ②若劫匪逃离酒店，应记下车牌号码、颜色、车型和人数等信息，同时可以乘坐的士或其他交通工具适当跟踪，确保自身安全，并向110报告实时方位和地点，以便警方组织力量设卡拦截 ③保护好事发现场，划出警戒范围，禁止无关人员进入现场触碰劫匪遗留的凶器和作案工具等 ④如果因环境问题无法将劫匪留下的证物留在原处，应用塑料袋一一收拾起来装好，交给警方处理 ⑤询问目击宾客，收集劫案情况，不向无关人员透露任何消息等

续上表

突发事件	应对措施
绑架人质案	①若在客房发生绑架人质的突发事件，楼层服务人员应立即向部门经理、总值班员和安保部门报告 ②接报后立即成立应急处理小组，并在第一时间报警，在警方到达之前封锁消息，严禁向无关人员透露现场情况，以免引起宾客恐慌和围观，导致劫匪危害人质安全 ③等待警方期间尽量满足劫匪的合理要求，如送水和送食物，尽可能稳定劫匪的情绪 ④安保人员和工程人员在附近待命，以便配合警方的行动，期间需划出警戒范围，同时疏散劫匪所在区域内和附近的客人，防止劫匪带有爆炸危险物品而扩大宾客伤亡范围 ⑤及时收集、准备好被绑架宾客的登记入住、监控录像等资料，以及相应区域的工程图纸，提供给警方以便实施援救

对于酒店突发的食物中毒，应对措施在本书第 4 章的相关内容中已做介绍，这里不再赘述。

5.4.2 酒店发生各种重大安全事故的处理

酒店的经营管理一定要严密、严谨，重视人身安全和财产安全。然而，繁忙的服务总会让酒店工作人员在某一个时刻的某一件事情上疏忽了，由此可能引发重大安全事故。比如，安保部门的消防人员忘记检查酒店的消防设施是否完好且运行正常，某次酒店发生严重火灾时刚好消防设施设备不能正常使用，使得火情没有得到及时控制，给酒店造成严重的经济损失。

那么，当酒店发生各种重大安全事故时，分别该怎么处理比较妥当呢？

◆ 重大火灾事故

当酒店发生重大火灾事故时，应立即采取应急措施，包括但不限于以下这些措施：

①确认火灾类型，观察是普通火灾还是油类火灾，还是电气火灾或金属火灾等，根据火灾类型的不同采取恰当的扑火措施，尽可能地控制火势

蔓延，减少事故损失；

②一旦发现火势无法控制，应立即拨打消防机关报警电话，讲明火灾的具体地点、火灾引发原因、火势大小、报警人姓名和身份信息等，并安排酒店的消防人员在临近酒店的路口等候消防机关的消防车，以引导消防车快速赶赴火场；

③组织酒店内部宾客和员工快速撤离酒店，转移到安全地点，同时要派专人进入房间逐一检查，以防止人员疏散不完全造成人员伤亡；

④火灾发生后，抢救原则是"先救人，后抢救财物；先抢救客人财物，后抢救本酒店财产设备"。

◆ 宾客集体中毒事件

对酒店来说，宾客集体中毒事件属于特大安全事故，很多情况下都预示着酒店的餐饮服务出了问题，如果发生这样的事故，酒店该如何处理呢？

①有应急预案的立即启动应急预案，没有应急预案的立即组织相关人员制订应急预案；

②保护好事发现场，包括宾客刚刚食用的餐点、宾客呕吐物，询问客人就餐前接触过哪些物品等，同时拨打120急救电话，在急救中心人员无法快速赶往酒店时，酒店应立即调配自有车辆尽快送宾客到附近医院就医，并随时与急救中心人员保持联系，避免错过最佳救治时间；

③做好事故信息的收集工作，明确责任。对确因酒店责任引发的集体中毒事件，酒店需向宾客赔偿合理的损失，并深感抱歉；能够找到责任人的，应对外发布通知，对责任人进行严肃处理；如果系不法分子人为投毒，则应配合警方查明事故真相，同时也要向宾客表达歉意，并针对工作疏忽给宾客带来的人身伤害及财产损失做相应的补偿。

其他一些重大安全事故，酒店可按照应急预案的规定进行处理。

工作梳理与指导

设备物资管理

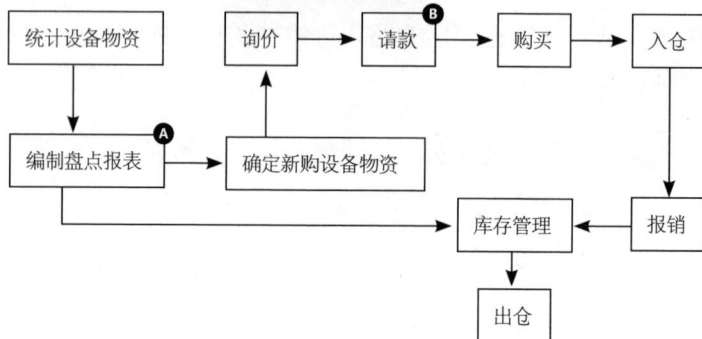

```
统计设备物资        询价 → 请款 Ⓑ → 购买 → 入仓
    ↓                ↑
编制盘点报表 Ⓐ → 确定新购设备物资
    ↓
                        库存管理 ← 报销
                            ↓
                          出仓
```

消防安全管理

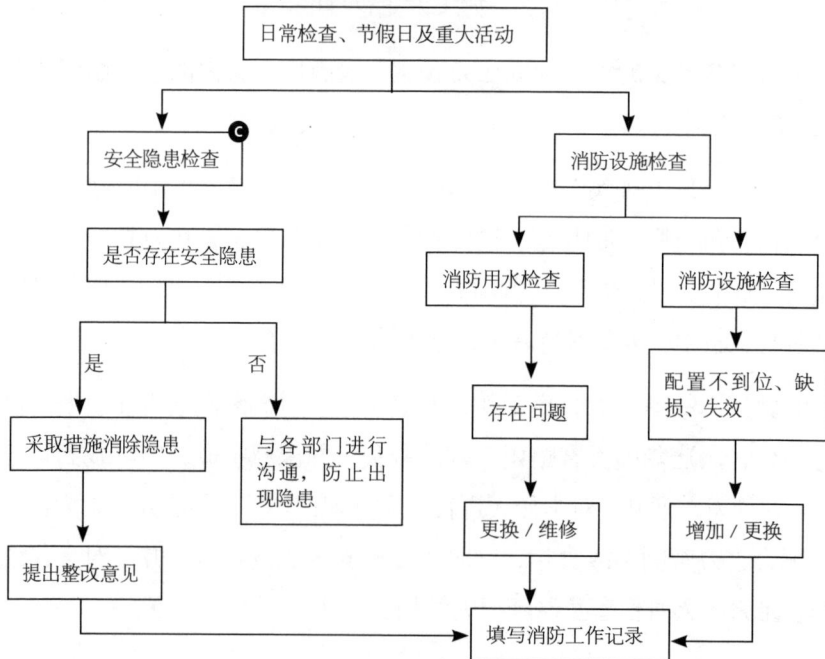

```
日常检查、节假日及重大活动
        ↓                    ↓
安全隐患检查 Ⓒ          消防设施检查
    ↓                    ↓           ↓
是否存在安全隐患      消防用水检查   消防设施检查
  ↓是    ↓否              ↓           ↓
采取措施消除隐患  与各部门进行   存在问题   配置不到位、缺损、失效
  ↓      沟通，防止出          ↓           ↓
提出整改意见  现隐患        更换/维修    增加/更换
  ↓                          ↓           ↓
          填写消防工作记录 ←
```

A 酒店设备物资的管理除了日常的库存管理，还需要及时补充所需的设备物资，此时就需要统计设备物资，然后编制盘点报表。以盘点报表为依据，确定需要购买的设备物资。盘点报表相当于原始凭证，是物资采购的依据，同时也是后续验收设备或物资的比对资料。编制好的盘点报表需要妥善保管，以备验收工作中使用。

B 请款是指设备物资保管部门向酒店财务部门申请借支款项用于购买设备物资。实际工作中，不仅是设备物资保管部门，其他部门如果要购买工作所需的物资，都需要向财务部请款。这一环节不需要员工自行垫付，直接借支酒店的款项。由于使用酒店资金需要办理相应的借支手续，因此需要填写申请，这也是请款环节的主要工作内容。

C 安全隐患是酒店在日常经营过程中，由于人为因素、物的变化以及环境的影响而产生的各种各样的问题、缺陷、故障和苗头等不安全因素。消防安全管理除了要对具体的消防安全设施、设备进行检查，还需要检查消防安全隐患，如火种、火苗、断裂的线路、发潮的墙角以及易燃易爆物品。这些可能会引发事故的安全隐患也是消防安全管理的重点内容，不容忽视。

答疑解惑

问： 酒店仓储的物资用品霉烂变质应如何处理？

答： ①确定霉烂变质用品的数量、单价、金额和型号等，编制相应的物资用品霉烂变质处理明细表；②查明物资用品霉烂变质的原因，一并记录在明细表中；③将物资用品霉烂变质处理明细表交给部门领导签字审核，再递交给总经理审批；④根据审批意见，对霉烂变质的物资用品进行处理，处理时要区分物品的性质，从而作为不同类型的垃圾分开处理。

问： 酒店的废旧物资该怎么处理？

答： ①各部门产生的所有废旧物资及包装物（有押金的除外）应及时送交仓管部门统一保管和处理；②废旧物资要建立台账进行管理，具体可分为四类，如报废的固定资产、报损的棉织品类、在修建过程中拆除下来的尚能使用的材料和其他报损财产，要定期造表上报，经领导批准后统一处理；③各部门若需要领用废旧物资，应按仓管部门规定的手续办理领用。

问： 酒店的收货员在遇到哪些情况时可拒绝验收货物或报请经理处理？

答： ①未按计划批准购进的或与合同不符的货物，不验收；②购进物资用品与原始发票或供货商开具的销售单不符的，不验收；③供货单位的发票未写明抬头、发票未加盖公章、抬头与供货单位名称不相符或字迹不清楚或有涂改痕迹的，不验收；④如果只收到供货商开具的发票或销售单而物资用品尚未到货，不验收。

问：酒店如果发生火灾，最佳灭火时机是什么时候？

答：酒店发生火灾的最佳灭火时机是发现起火的最初 5 ~ 7 分钟内，那时烟雾少、能见度好，及时扑救和报警就能避免火势扩大。

问：酒店发生火灾时如何有效自救？

答：①发现火灾时不要急于打开现场的门，应先用手摸一下门的温度；②如果门的温度过高，切忌开门，应报警并寻找其他自救方法；③如果被困在房间里，要用湿抹布堵住门缝和空调孔，防止浓烟进入房间，然后通过电话和其他方式呼救；④离开房间时要关门；⑤火灾时不能使用电梯；⑥如果火灾浓烟较大，要爬行，此时靠近地面才有新鲜空气，也可以用湿毛巾捂住嘴鼻逃生。

酒店防洪防汛应急预案	酒店设施设备维修制度	酒店值班巡查管理制度
酒店火灾预防应急处理方案	酒店物品领用审批制度	设备（设施）报修单
酒店设备保养制度	酒店消防安全管理制度	物资用品领用登记表
酒店设备更新改造管理办法		

第 6 章

酒店营销管理促发展

酒店经营目的是获利，而要获利，必须要为足够多的宾客提供酒店服务。怎样才能使酒店吸引到宾客入住购买服务呢？这就需要酒店开展相应的营销工作，让更多潜在客户了解并认识酒店。由此可见，酒店营销管理可以有效促进酒店未来的发展，加大盈利机会。

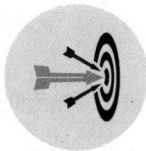

6.1 建立专门的营销团队

负责酒店营销工作的人，需要具备较强的营销能力，确保为酒店带来稳定、持续的客源。这些专门负责营销工作的人组成一个营销团队，主要工作就是将酒店及其服务推销出去，吸引宾客入住。

6.1.1 组建专业的营销队伍

如果是大中型酒店，其组建的营销团队可能直接成立一个营销部门；如果是小型酒店，组建的可能就只是一个营销策划小组，通常归总务部或前厅部管理。

无论对哪种规模的酒店来说，组建一支专业的营销队伍并不是一件简单的事情。因为酒店经营过程中每日的消耗是比较大的，如果营销队伍的能力不够，无法为酒店带来不错的客源，则酒店很可能面临经营亏损。那么，怎样才能组建一支专业的营销队伍呢？

（1）设置科学合理的组织架构

酒店比较常见的营销团队组织架构，如图6-1所示。

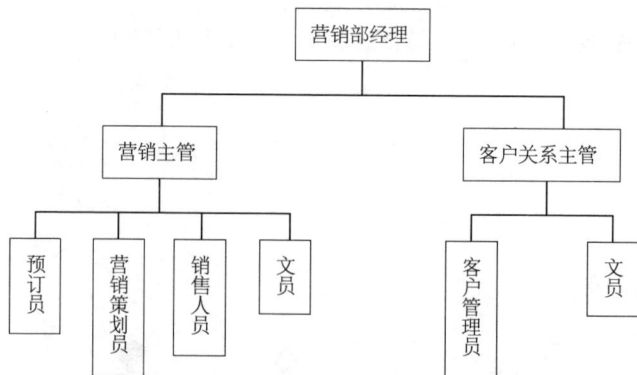

图6-1 酒店营销团队组织架构

各岗位的大致工作职责，见表6-1。

表6-1 营销团队中各岗位的工作职责

岗 位	工作职责
营销部经理	①在总经理办公室领导下，全面负责营销部工作 ②制订并组织实施酒店服务销售工作计划，督导营销人员进行市场开发 ③定期组织销售人员进行市场调研工作，收集市场信息，分析市场动向、特点和发展趋势，并及时向总经理汇报 ④制订市场销售策略，确定主要目标市场和销售方针，负责酒店经营产品和服务的销售工作 ⑤对本部门的工作质量和服务质量负责，确定本部门各级人员的职责和权限 ⑥督查销售人员的市场开发与客户维护情况 ⑦完成领导委派的其他工作
营销主管	①熟悉市场，根据市场情况和酒店销售情况，结合自己的销售经验提出销售工作建议 ②服从营销部经理的安排，参与各项接待活动，如接待来酒店参观的客人，介绍酒店的情况并听取客人对酒店的意见，及时向营销部经理汇报 ③与业务客户和重点宾客保持密切联系，随时掌握宾客新动态和近期安排，协助本部门经理处理日常事务 ④积极开展市场调研工作，保持老客户的同时及时发掘潜在客户 ⑤随时掌握同行的新动态和市场信息，为营销部经理制订工作计划提供资料和合理建议，协助经理开展营销活动 ⑥及时检查销售工作和计划实施情况，与本部门经理经常互通消息，协调做好重要客人的促销工作 ⑦完成本部门经理交办的其他工作
预订员	①接待旅行社电话或传真订房，详细记录客人的用房日期、数量、司陪量和入住天数、用餐时间及标准和人数，并按客人的要求与酒店当天的预订情况及时回复客人的电话或传真预订 ②负责预订下单工作，根据预订情况，提前一天将第二天的预订以下单形式通知相关部门做好接待工作 ③负责预订客人的跟踪工作，客人抵达前的一定时间内要与导游或负责人联系，了解客人是否有数量变化或特殊要求，并及时通知相关部门做好安排 ④统计预订和销售数据，完成领导分派的其他工作

续上表

岗　位	工作职责
营销策划员	①协助营销主管拟定酒店宣传策略并严格执行 ②负责对已经开展的营销活动进行数据统计、分析 ③组织、执行酒店的营销策划活动，并在活动中做好协调、监控工作 ④负责整理更新酒店的会员资料，以备日后策划活动所需 ⑤负责与酒店其他部门和对外合作单位进行沟通，确保营销策划方案能顺利执行 ⑥在营销策划活动结束后提交活动总结报告 ⑦完成本部门经理或营销主管分派的其他工作
销售人员	①负责与酒店客户保持联系，发掘潜在客户，扩大酒店业务范围，为宾客提供服务 ②根据市场需求，确认酒店的潜在宾客及其需求，收集、整理市场情报和销售信息，做好销售工作 ③负责团队、散客、宴会及会议等服务项目的销售工作，按要求及时填写预订单和宴会、会议预订单，做好接待准备工作 ④与酒店其他部门做好协调工作，确保对宾客的优质服务 ⑤收集整理宾客的档案资料，完成本部门领导分派的其他工作
客户关系主管	①负责与宾客沟通交流，处理宾客投诉和需求，按照酒店标准运作程序最大程度地满足宾客需求 ②与酒店的重要宾客和常住宾客保持良好关系，在其入住期间为其提供全面的服务，如为他们提供酒店服务信息和当地风景名胜介绍，处理他们的特殊要求等 ③重要宾客和常住宾客离店时，礼貌告别，并适当地询问入住期间的情况，收集宾客意见，分析总结，为营销部日后的营销活动及销售工作提供合理化建议 ④在酒店经营旺季，协助前台和客房部工作，帮助办理登记入住 ⑤协助本部门完成其他工作
客户管理员	①协助客户关系主管做好与宾客的沟通交流工作，负责处理宾客投诉和需求 ②掌握与重要宾客和常住宾客保持良好关系的方法，并在这些宾客入住期间为其提供全面的服务 ③在重要宾客和常住宾客离店时，按照相关规定礼貌欢送 ④在宾客入住期间实时询问宾客入住情况，收集建议，汇总整理 ⑤完成领导交办的其他工作

续上表

岗　位	工作职责
文员	①执行营销部经理分派的工作，按程序与标准完成 ②迎接来访客户，并安排客户与对应的销售人员会面；接听业务电话，预先安排本部门销售人员与客户见面的时间，并编排日程表，适时提醒有关销售人员 ③根据营销策划和销售业务需要，准备各种销售文件、备忘录、协议书或合同等备用；将当天收到的传真、电传和信函等分类整理，并分发给有关人员 ④根据营销部经理的要求，准备部门例会所需文件，安排会议的时间和地点，并通知与会人员，做好会议记录；负责本部门物资用品的申领和保管工作 ⑤完成营销部经理交办的其他工作

（2）认真选拔并培养营销人员

要组建专业的营销团队，酒店不仅要选拔高标准人才，还应对在岗营销人员进行必要的营销培训。

在选拔营销人员方面，需要考量营销人员过往的酒店营销经验，看是否单独负责过营销活动；还要看其沟通交流能力与随机应变能力等。

在培养营销人员方面，需要请专业的营销专家或者指派本酒店非常有营销经验的营销人员授课；定期对营销人员进行考核，促使其不断提高自身的营销技能。

（3）制定合理的薪酬制度并提供良好的个人发展空间

合理的薪酬制度能激励营销人员不断提高自身业绩，以期获得较高的工资水平。

良好的个人发展空间让营销人员有足够的机会施展自己的才华，充分发挥自己的能力，为酒店的营销工作带来积极主动的能量，从而让营销人员也看得到未来美好的发展方向。

6.1.2　确定酒店营销定位

确定酒店营销定位的目的是要实现定位营销。营销定位就是通过发现顾客不同的需求，对营销工作进行明确定位，从而满足顾客的需求。

酒店的定位营销实质是宾客、市场、产品和服务、价格以及广告诉求的重新细分和定位。

在确定酒店营销定位时，主要涉及以下四个方面的内容。

◆　客户群定位

酒店客户群的定位主要是从消费者的特殊需求或需求差异出发，将其与酒店经营范围和特色相对比，从而确定酒店服务的客户群。

在判断酒店经营范围和特色是否与消费者相适应，从而确定客户群时，主要从消费者的一些心理着手，具体内容见表 6-2。

表 6-2　根据消费者不同心理进行客户群定位

心　理	判断标准
价值心理	看酒店通过产品或服务是否能满足消费者对名誉或地位等的心理需求
规范心理	看酒店采用的营销方式是否符合消费者认同的道德行为准则
习惯心理	看酒店服务是否能迎合消费者的日常行为和消费习惯
身份心理	看酒店为消费者提供的服务是否能彰显其身份
情感心理	看酒店服务是否能影响消费者的情感动向

◆　产品定位

酒店经营还可以从产品定位进行营销，即将某个产品或服务定位在客户群心中，让客户在产生类似的需求时就能想到酒店的产品或服务。

实际操作时，产品定位可分为五个层次，以酒店提供的产品和服务为例，见表 6-3。

表 6-3　酒店的产品定位层次

产品层次	产品	解释	举例
第一层次（基本层次）	核心产品	指宾客真正购买的服务或利益	如购买的住店服务和住店期间的安全保障等
第二层次	形式产品	指产品实在的形体和外观，是核心产品的载体	如酒店的客房出租
第三层次	期望产品	指宾客购买产品时的一整套属性和条件	如高质量的住店体验、物超所值的饮食等
第四层次	附加产品	指购买某种产品的宾客所得到的附加利益和服务	如产品使用说明、质量保证和售后服务等
第五层次	潜在产品	指某产品将来可能的所有增加和改变	未来对同一家酒店有服务请求时的便利选择

◆ 市场定位

产品的市场定位决定了产品的发展方向，市场定位的准确与否关系到产品推广的成败，即营销活动的成败。所以，酒店的定位营销活动中需要明确市场定位。

而在进行市场定位时，需要参考的变量主要有目标消费人群，以及当地消费能力、消费特点、销售渠道和传播方式等。可以看出，市场定位包括了客户群定位。

◆ 价格定位

营销就是经营销售，它离不开产品或服务价格的确定。价格定位不准确，可能导致酒店的营销活动不顺利。比如价格定位过高，营销时推广力度再大，也会让宾客望而却步；价格定位过低，大量宾客购买产品或服务，拉低酒店的平均利润水平。

综上所述，酒店确定营销定位，可以从客户群、产品、市场和价格等方面入手。

6.2 选择合适的营销渠道

酒店经营作为服务业的"一员"，目标客户群广泛。为了让更多的消费者成为酒店的潜在客户，必要的营销工作是要做的。在开展营销活动的过程中，营销渠道的选择很重要，它关系着营销活动的顺利与否。

6.2.1 微信营销

微信营销是商家通过提供用户需要的信息，推广自己的产品，从而实现点对点的营销。

微信营销属于一种区域定位营销，商家通过微信公众平台，结合转介率微信会员管理系统展示自己的微官网、微会员、微推送、微支付和微活动。

在了解微信营销如何做之前，先来看看微信营销具有怎样的优势，见表6-4。

表6-4 微信营销的优势

优 势	简 述
庞大的腾讯用户基数	微信用户量庞大，为商家积累关注度或粉丝数提供的机会
使用大众化	随着智能手机的普及，微信已从高收入群体走向大众化，这为商家的微信营销深入民众基层提供了可能
信息交流的互动性更突出	微信具有很强的互动及时性，无论用户在哪里，只要带着手机，就能轻松与他人互动，同时商家也就能轻松地与未来客户进行沟通、互动
人工微信客服实现实时沟通	人工微信客服更具人性化，与客户的沟通更贴近实际。比起微信后台事先设置好一些快捷回复损害用户体验，人工微信客服通常都能针对客户的咨询给出满意的回复

酒店如果要采用微信营销，主要有两大类推广渠道，一是微信平台推广通道，二是互动式推送微信。其中，微信平台推广通道又可分为草根大号直推、草根大号内容承载页互推和微信导航站等方式。

◆ 草根大号直推

由草根大号带上品牌或商家的微信号直接发送消息推送。这种营销推广方式下，软广程度与草根大号的掉粉率成反比。也就是说，越是软广，草根大号越不容易掉粉；越是硬广，就越容易掉粉。

优点：推送信息的到达率为 100%，打开率通常在 50% 左右，粉丝转化率大概为 0.5%。比如，负责推送的草根大号有 1 000 名粉丝，则广告推送后大致可以为品牌或商家带来 5 个粉丝。

缺点：成本较高。

◆ 草根大号内容承载页互推

从字面意思理解，草根大号内容承载页推送即在自己的微信号内容承载页中放置品牌或商家的微信号，或者酒店营销推广的相关内容页链接，以期通过草根大号的粉丝实现酒店的营销推广。反之，品牌或商家可以在自己的内容承载页放置某些草根大号的微信号，吸引微信用户到草根大号处阅览与品牌或商家有关的内容。

优点：成本较低，效果很好，用户不反感。

缺点：粉丝转化率较低。

◆ 微信导航站

微信导航站主要提供微信公众账号、关键词、昵称、功能和二维码等一系列微信账号信息查询服务。品牌、商家通过微信导航站，可将自己的产品或服务推广出去，酒店也不例外。

优点：广告软性推送，占据入口。

缺点：暂无。

◆ 互动式推送微信

在互动式推送微信营销渠道下，酒店通过一对一的推送，与"粉丝"（即潜在客户）开展个性化的互动活动，提供更直接的互动体验。

优点：针对性推送，送达率高，粉丝转化率高。

缺点：需要花费时间和精力运作。

微信营销除了上述渠道和方式需要了解，更重要且基本的是建立酒店自己的微信公众号，方便开展微信营销活动。另外，还可通过微信小程序做营销，如开展限时秒杀活动、拼团活动和进店有礼活动。

6.2.2 团购营销

团购即团体购物，通常指认识或不认识的消费者集合起来消费，以换取最优价格。对于团购的宾客，最直接的好处就是享受到价格优惠，而对于酒店来说，团购营销的好处见表6-5。

表6-5 团购营销的优势

优 势	简 述
增加宣传力度	借助团购营销模式，可有效增加酒店的宣传力度，使酒店的品牌影响力得到提升
增加销售渠道	在团购模式下，酒店可与其他团购网站合作，从而增加销售渠道，拓宽销售途径
获取更多客源	酒店与团购网站合作可以争取更多客源，降低由于自身能力有限导致的客房空置率
提高入住率	团购的价格通常比较优惠，从而吸引更多的宾客入住酒店，相应地提高酒店客房的入住率，从而摊低酒店客房维护成本
增加回头客	酒店通过团购营销，获取较多的宾客资源，再配合优质的酒店服务，可为酒店增加相应的回头客，有利于后期经营发展

然而，有些酒店在团购营销活动中，不仅没有给酒店带来上表所示的这些好处，反而使酒店的盈利减少，甚至出现亏损。究其原因，要么是没有选择到优秀的团购合作伙伴，要么是酒店自身提供的产品和服务质量令宾客不满意。

因此，酒店在做团购营销时，不仅要重视对合作伙伴的选择，选择有口碑、有实力且诚信的团购网站，还要保证自身提供的各种服务的质量，以团购优惠的方式吸引顾客，再以扎实、真诚和高质量的服务抓牢客户。

下面就来看一个具体的酒店团购营销的例子。

实操范例　**酒店团购营销的好坏**

××酒店有限公司在7月通过某团购网以488元的价格团购价值1 328元的豪华景观房，上线期间共有262人参与团购。××酒店有限公司的执行董事××说："我们酒店是刚刚开业，做团购，比较关注市场推广的力度。"

从实际效果来看，团购的操作手段是有效的，它以惊爆的低价吸引宾客，而且团购网也给酒店进行了特别的包装和展示，把酒店的特色全方位、多角度地展现在客户面前。最终提高了酒店的营业收入。

后期，酒店不断地加大力度搞团购营销，长期下来，财务报表数据并没有达到预期的状态，酒店盈利水平趋于平缓，甚至有下降的趋势。于是酒店的负责人开始组织高层管理会议，寻找盈利水平停滞不前的原因。

上例中的酒店，为什么在团购营销的初期收获了不错的成效，而长期下来盈利水平却放缓，甚至有盈利下降的趋势呢？实际上，根据实践经验表明，团购只能作为酒店经营的其中一种营销模式，它不能成为酒店经营的主要营销模式，因为长期的团购活动会缩小酒店的盈利空间。

6.2.3　网站营销

很多酒店都建设有自己的官网，消费者可以在酒店官网上完成客房预订，酒店也可通过官网进行推广营销。而且，酒店通过自建官网进行推广营销，会显得更专业，也更能让消费者感受到酒店经营的规范化、专业化。

实践证明，酒店建设官网的成本并不低，为什么还是有很多酒店不遗余力地建设并维护自己的官网呢？因为它在酒店营销方面具有其他营销推广方式无法取代的优势，具体内容见表 6-6。

表 6-6　酒店建设官网在营销方面的优势

优　势	简　述
公信力强	从某种意义上来说，酒店的官网就是酒店的门面，也是酒店的发言人，因此，在酒店官网上展示的产品、活动、服务，甚至是文字和图片，都代表着酒店的特色和经营理念，是酒店对消费者的一种无形的承诺。通过官网了解酒店提供的产品和服务，能减少被骗的风险，公信力强
瞄准客户	通常来说，进入酒店官网浏览并选择产品或服务的消费者，从一定程度上反映了消费者有酒店服务需求，由此可视消费者为酒店的潜在客户或目标客户
营销空间大	官网是酒店自建的，上面可以发布什么内容，发布多少内容，以哪些形式发挥广告进行营销推广等，都可以由酒店营销部门自行决定，营销推广活动的开展具有很高的自由度，同时给营销工作提供了很大的操作空间
直接提升用户转换率	酒店通过自建官网，可与浏览用户之间实现实时互动、沟通，不再通过第三方进行用户转化，可直接提升自身网站访问用户的转换率，让酒店官网成为酒店营销渠道之一

在了解了酒店的网站营销优势后，还需要知道酒店官网的建设相关事宜。而关于酒店网站的建设，最基本的是要使网站具备相应的功能，如信息发布功能、产品展示功能、网站商城功能、交易功能和会员管理功能等。

（1）信息发布功能

酒店官网的信息发布功能主要支持酒店营销部门在官网上发布关于酒店的新闻、业界的动态和相关公告等信息。该功能要保证酒店营销部门能对官网上的信息进行编辑、修改、增加和删除等操作。如图 6-2 所示为某酒店官网上发布的关于加盟流程的信息。

图 6-2 酒店官网发布的加盟流程信息

（2）产品展示功能

酒店官网的产品展示功能指通过展示酒店产品和服务的图片，并适当地配以文字说明，使消费者了解酒店产品和服务，同时还可以使酒店营销部门对官网界面进行维护。在运用酒店官网的产品展示功能时，所展示的内容一定要真实。如图 6-3 所示为某酒店官网展示的部分客房图片。

图 6-3 酒店官网展示的客房图片

酒店官网的产品展示功能还应该用来进行一些文字描述和说明，比如将酒店的具体地理位置、服务热线等准确地告知消费者。产品展示功能非常重要，如何全方位地向消费者展示酒店的产品和服务并突出酒店的特点，包括价格优势、环境优势和设施设备优势等，这些都直接关系着消费者是否选择入住酒店。

（3）网站商城功能

网站商城功能实际上就是将酒店提供的产品和服务统一归集到一个区域，并将该区域作为网站的商城。消费者可直接进入网站商城浏览和选择酒店提供的各种产品和服务，这样使酒店的产品和服务管理更集中。同时，网站商城中还会设置积分兑换商品或服务，积分兑换优惠券等服务项目，一方面使消费者感受到酒店揽客的诚意，增进用户与酒店的互动；另一方面提高酒店官网的人气。如图 6-4 所示为某酒店提供的积分商城，只需要在官网首页单击"积分商城"超链接即可进入。

图 6-4　酒店的积分商城

（4）交易功能

酒店网站营销要尽可能地吸引消费者下单预订并成功交易，这样网站营销才有实质性的作用。因此，酒店网站建设必须设计交易功能，消费者可通过该功能，完成酒店产品或服务的购买、在线支付及订单查询功能；同时酒店也可以通过该功能在官网后台对订单数据进行统计、删除和追踪。如图6-5所示的是某酒店的客房预订页面，消费者只需单击"立即预订"按钮，登录个人在该酒店的账户，完成支付即可成功预订。

	官网特惠礼包	不含早	限时取消	♟ ×3	¥339	立即预订
	蓝卡价	不含早	限时取消	♟ ×3	¥398	立即预订
	预付特惠7折	不含早	限时取消	♟ ×3	¥293	满房
高级双床房 详情	含单早	含单早	限时取消	♟ ×3	¥419	满房
	含双早	含双早	限时取消	♟ ×3	¥419	满房

图6-5 酒店客房预订页面

酒店在建设官网时，需要对交易功能的安全进行严格的管理，保障酒店和入住宾客的信息安全和资金安全。

（5）会员管理功能

现在很多商家都会建立自己的会员体系，积累会员人数，从而留住顾客。所以，很多酒店会在建设官网时专门设置会员管理区，当用户注册成为酒店的会员后，就可以享受某些会员专享服务和产品。

酒店官网的会员管理功能要包括会员注册、登录以及会员个人中心管理等功能；而对于酒店来说，还要求官网后台能实现对酒店的会员进行信息查询、修改、删除和锁定等操作。

如图6-6所示的是某酒店官网提供的会员功能，具体以会员俱乐部的形式体现，消费者只需在官网首页单击"会员俱乐部"超链接即可进入。

图 6-6　酒店官网上的会员俱乐部

除此以外，酒店还可通过微博营销让更多的消费者认识并了解酒店的产品和服务，扩大酒店知名度。

6.3　酒店营销策略和技巧

要想提高酒店的营销推广效果，进而提升酒店业绩水平，仅建立营销团队和确定营销渠道还不够，还需要营销人员掌握必要、有效的营销策略和技巧。

6.3.1　进行客户定位形成酒店特色

一般来说，酒店的特色由产品和服务本身决定，而产品和服务很大程度上又取决于酒店的目标客户。酒店提供的产品和服务只有与宾客的需求相适应，才能长久地经营下去，因此，要形成酒店的特色，就要从客户定位出发。

客户定位就是要审查确定"谁"是酒店真正的客户、客户的地位以及客户需求等，通过确定其中比较广泛的需求来确定目标客户群，进而向这些客户提供相应的酒店产品和服务，由此形成酒店的经营特色。

例如，某家准备开业的酒店经过市场调查，发现当下很多年轻女性喜欢外出旅游。根据女性爱美的特点，酒店决定为宾客提供一项 SPA（水疗）服务，让宾客在旅游累了的时候回到酒店可享受 SPA 服务，放松身心。为了体现特色，酒店将一定级别以上的客房以每间都修建一个大小适中的按摩室的方式，向宾客提供 SPA 服务。

又比如，某地历史文化氛围浓厚，很多游客都奔着这些饱含历史文化的名胜古迹而来，则当地的酒店就可以将客户定位于这一类游客，从而向这些游客提供富含历史文化气息的酒店服务和产品，这样也能使酒店形成相应的特色。

至于酒店要从哪些方面入手定位客户，相关内容在本章 6.1.2 节已经简单介绍过，这里说说客户定位的方式。

（1）客户属性分析

客户属性分析又要从三个方面考虑，一是外在属性，二是内在属性，三是消费属性。

外在属性。客户的外在属性有地域分布、组织归属（如企业客户、个人客户）等，这些属性比较笼统，酒店不易从这些属性确定谁是"好"客户，谁是"差"客户，也很难确认客户的真正需求，但可以初步判断哪一类客户的消费能力会更强，这对酒店经营时的客户定位有着一定的影响。

内在属性。内在属性是客户的内在因素决定的属性，如性别、年龄、信仰、爱好、家庭成员、性格以及价值观。通过客户的内在属性，可以更准确地把握客户的真正需求，进而做好产品定位。

消费属性。客户的消费属性包括最近消费项目、消费频率和消费额等，酒店通过这些消费属性可切实掌握客户的消费习惯和特点，这对酒店的产品定位也有明显的影响。

（2）客户数据统计分析

虽然经过前述的客户属性分析，对酒店的产品定位工作就有了帮助，但是因为酒店服务的日益个性化，客户定位在不同情况下的分析结果可能不同。此时，要想知道什么样的客户是优质客户，就需要从消费行为数据出发，分析并找出客户内在属性和外在属性中影响消费行为的具体属性，这样才能真正找到产品定位的重点。

如果不做客户数据统计分析，而仅仅是盯着那些高消费、高价值的客户不断给予优惠，结果并不一定能使客户有良好的住店体验，这样的结果也就表明酒店的产品定位出了差错。

由此可见，无论是客户属性分析，还是客户数据统计分析，都要从客户本身需求出发，进行产品定位。

6.3.2　产品、服务的促销策略

促销就是促进销售，酒店促销就是营销人员通过各种宣传、吸引和说服的方式，将酒店产品和服务传递给潜在购买者，促使其了解、信赖并购买酒店的产品和服务，以达到扩大销售的目的。

先来看看市场中适合大多数企业或商家的促销策略，大致有九项，具体内容见表6-7。

表 6-7　适合大多数企业或商家的促销策略

促销策略	简　述
供其所需	即想方设法满足消费者的需求，做到"雪中送炭""雨中送伞"，这是最根本的促销策略
激其所欲	即激发消费者的潜在需求，以此打开酒店产品和服务的销路
投其所好	即了解并针对消费者的兴趣、爱好等组织产品和服务的提供
适其所向	即努力适应消费市场的消费动向
补其所缺	即瞄准酒店经营服务业中产品或服务的脱销"空档"，积极组织相关产品或服务的销售活动
释其所疑	即采取有效措施排除消费者对新产品、新服务的怀疑心理，努力树立酒店品牌信誉
解其所难	即通过产品或服务为消费者解决他们面临的难题
出其不意	即以出其不意的宣传策略推销产品或服务，以期收到惊人的效果
振其所欲	即利用消费者在生活中不断产生的消费欲望促进销售

这些都是制订促销策略的出发点，而最终形成的促销策略，大致包括如下几点。

◆　价格促销策略

价格促销策略，顾名思义是从产品或服务的价格入手，制订促销策略。通常来说，酒店通过相关人员进行利润空间、成本水平的测算，制订产品和服务的价格，同理也可制订促销策略中的优惠价格。以优惠价格的方式吸引客户，是一种比较常见的促销策略。

◆　数量促销策略

酒店可从订房数量或者购买服务的人员数量入手，制订促销策略。比如，同行人一次性订房 10 间以上、15 间以下的，免一间房的房费；或者同时订购酒店按摩服务的人数达到 8 人以上的，享受 8.5 折的价格优惠等。数量促销策略类似于本章 6.2.2 节的团购营销，以量来实现业绩的提升。

◆ 重大节日安排促销活动

利用重大节日时消费者的庆祝心理促销，效果会很明显。在各种重大节假日，人们过节的氛围浓厚，在衣、食、住、行各个方面的购买欲望也会明显增强，此时再配合以酒店的促销活动，让消费者感受到购买产品或服务的优惠，就能进一步刺激消费者的消费需求，进而达到促销目的，提高经营业绩。

酒店经营实务中还有很多其他促销策略，这里不做一一详述。下面就来看某酒店制订的促销策略。

实用范本 **××酒店促销策略**

酒店行业市场竞争日趋激烈，为了加强酒店的市场活力，企业商家们利用一切可以利用的酒店促销手段进行酒店的市场营销活动。下面是本酒店促销手段 13 招，希望可以对酒店促销活动有所帮助。

一、最后一分钟促销特惠酒店促销

例如：当日晚上 22:00 点后，商务客房以特价出售或赠 100.00 元左右的礼品。因个人思想不同，有很多顾客为着礼品前来。

使用说明：建议为防止顾客出现期待效应，而且在不影响客房正常销售的情况下，酒店应只针对某些入住率偏低的房型进行促销。截止日期和入住率的标准，由酒店根据实际情况决定。

二、礼品房

例如：礼品房应该是酒店根据之前一段时间的客房销售情况，对某些总体入住率较低的房型，进行一种赠送礼品销售的方式。此种方式不限时段，起始终止时间由酒店自由确定。

三、超级团购价

例如：买 10 送 1，凡当日一次性同时入住 11 间客房，可减免 1 间价格最低的客房房费或一次性同时入住 10 间以上含 10 间送结款人 200.00 元左右的礼品。很多结款人因礼品，会是我们长期客户，且多为单位团体。

使用说明：此类促销多用于集团客户和团队客户。

四、延时促销

例如：如果连续住宿4夜，则1夜的住宿免费。或连续入住4夜送150.00元的礼品一份。有很多顾客既报销了房费又得到了礼品，很难不吸引他来住店。

使用说明：此类促销多用于同种房型的续住，而续住不同房型多则不退少则补。

五、提前预购价

例如：提前两个月预订××年×月×日某房型并即时确认，可享受5折疯狂优惠。

使用说明：此种促销手段要求提前预订的时间相隔较长，多出现在淡季促销中，且限定某些房型，对付款或确认也有要求。

六、常客礼品体验

例如：在3月内，住宿超过6次，第7次入住时送100.00元左右的礼品一份。

使用说明：此种促销旨在提高顾客的忠诚度，所以建议按入住的次数，而不是房间晚数为标准。而礼品的强度，也可由酒店根据当日的酒店客房的入住情况做灵活处理。

七、热点事件促销

例如：高考期间，所有考生凭准考证入住酒店可享受8折优惠或送礼品以增加对酒店的认知度。

使用说明：此类促销多以社会事件为契机，如高考、妇女节、奥运会，等等，但受制于热点的时效性，只能短期使用。

…………

6.3.3 如何进行宾客关系营销

关系营销的实质就是通过互动和交流，双方之间建立一种超越买卖关系的非交易关系。酒店的宾客关系营销就是要求酒店通过与宾客互动和交流，与宾客建立一种超越买卖关系的非交易关系，目的是促使宾客形成对酒店及产品和服务的良好印象和评价，提高酒店及产品、服务在市场上的知名度和美誉度，为酒店争取顾客，开拓和稳定市场关系，保证酒店营销成功。

宾客关系营销的重点，在于发展一种与酒店宾客之间的特定关系，宾客从中感受到良好的双向沟通，并认为自己得到了特别关注和奖励。这也是宾客关系营销的难点。

我们都知道仅仅是让宾客满意是不够的，一旦其他竞争者提供了更好的产品，之前宣称满意的宾客就会更换酒店，这说明宾客高度的满意度和喜悦能培养一种对品牌情感上的吸引力，并且将建立起宾客高度的忠诚，而不仅仅是理性偏好。那么，如何实施宾客关系营销呢？

（1）树立以宾客为中心的经营理念

树立"顾客就是上帝"的经营理念，酒店的一切政策、规定和行为都必须以宾客的利益与要求为导向，并贯穿到酒店经营管理的全过程。那么，酒店具体要从宾客的哪些利益出发，进行关系营销呢？

◆ 增加宾客的财务利益

增加宾客的财务利益是指对某些忠诚的宾客，其支付相同的价格可以享受更多、更好的产品或服务。最常做法是对经常性宾客给予优惠性奖励，如酒店对经常入住其酒店的宾客提供"常住客奖励方案"，类似于按照入住酒店的消费金额给予积分奖励，积分达到一定数额可为宾客提供免费的客房入住服务。

但是这类做法容易被竞争对手模仿，所以酒店很难拥有长期的竞争优势，因此酒店还必须结合运用增加宾客的社交利益来强化自己的竞争优势。

◆ 增加宾客的社交利益

增加宾客的社交利益主要是通过了解宾客的特殊需求，提供专门化和个性化的产品与服务，以此来建立与宾客个人之间的良好关系。比如，酒店组织一些社交活动，供入住酒店的宾客参与，使其有机会通过社交积累相应的社交资源，让宾客感受到不一样的住店体验。

（2）了解宾客的需求，提高宾客满意度

酒店了解宾客的需求是提高宾客满意度的前提，酒店从宾客的观点出发来确定宾客的需求，进而设计酒店产品和服务。需要注意的是，在了解宾客的需求时需要进行非常深入的消费者调查，虽然很麻烦，但是可以换取宾客的感激之情。在了解宾客真正需求的基础上，通过向宾客提供超过服务本身价值和超过宾客期望值的"超值服务"，树立良好的酒店企业形象，塑造酒店品牌，以满足消费者的感性和感动的消费需求。

（3）进行科学的宾客关系管理，培养宾客忠诚度

在宾客关系营销模式下，极端的目标不仅是要赢得宾客，更重要的是维系宾客，保持宾客比吸引宾客对扩大酒店利益更有效。而保持宾客的关键在于使其满意、十分满意、高兴或喜悦。要达到这样的效果，酒店必须对不同的细分市场或不同的客户采取不同的营销策略和营销投入，把宾客当作自家人对待，建立长期、稳定的关系。

（4）关系管理

酒店必须对影响酒店未来的主要宾客制订直接、有效的关系管理计划，从而增加宾客的转移成本，以此来维系宾客。

工作梳理与指导

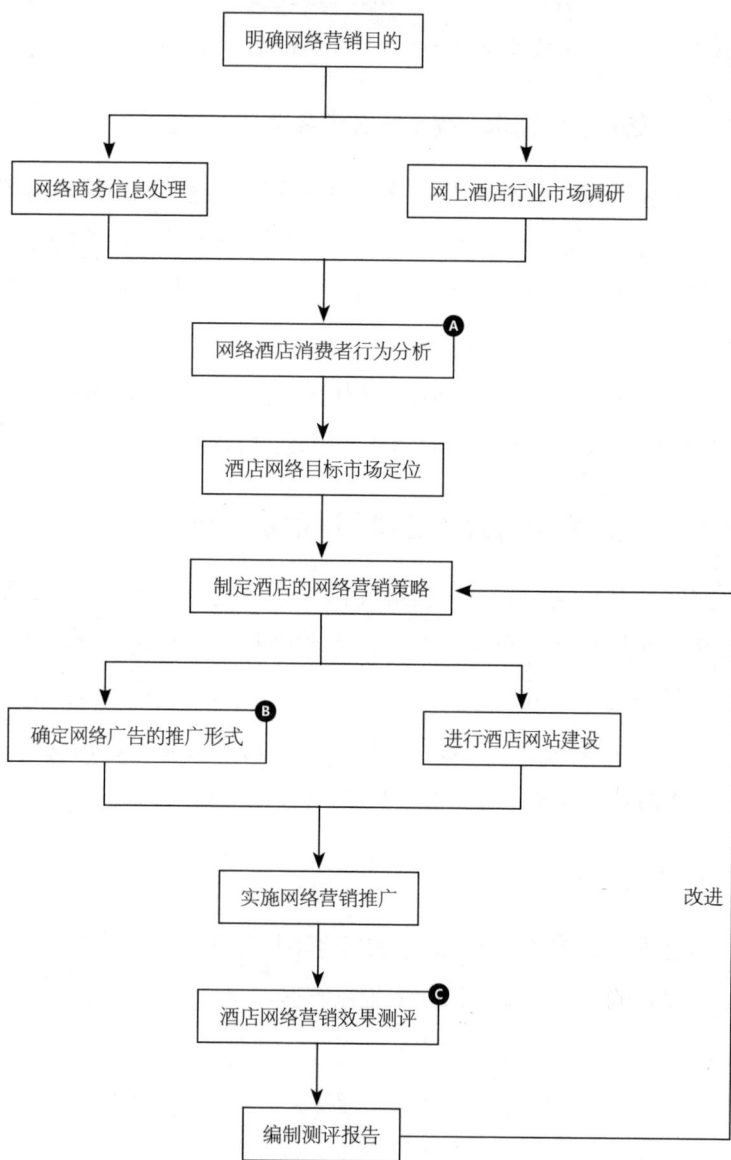

```
                    ┌──────────────────┐
                    │  明确网络营销目的  │
                    └──────────────────┘
              ┌──────────────┴──────────────┐
              ▼                             ▼
      ┌──────────────┐              ┌────────────────────┐
      │ 网络商务信息处理 │              │ 网上酒店行业市场调研  │
      └──────────────┘              └────────────────────┘
              └──────────────┬──────────────┘
                             ▼
                    ┌────────────────────┐ Ⓐ
                    │ 网络酒店消费者行为分析 │
                    └────────────────────┘
                             ▼
                    ┌──────────────────┐
                    │ 酒店网络目标市场定位 │
                    └──────────────────┘
                             ▼
                    ┌──────────────────┐◄─────────────┐
                    │ 制定酒店的网络营销策略 │             │
                    └──────────────────┘             │
              ┌──────────────┴──────────────┐        │
              ▼                             ▼        │
      ┌──────────────────┐ Ⓑ       ┌──────────────┐ │
      │ 确定网络广告的推广形式 │         │ 进行酒店网站建设 │ │
      └──────────────────┘         └──────────────┘ │
              └──────────────┬──────────────┘        │
                             ▼                        │
                    ┌──────────────┐                 │
                    │ 实施网络营销推广 │            改进 │
                    └──────────────┘                 │
                             ▼                        │
                    ┌──────────────────┐ Ⓒ           │
                    │ 酒店网络营销效果测评 │             │
                    └──────────────────┘             │
                             ▼                        │
                    ┌──────────────┐                 │
                    │  编制测评报告  │─────────────────┘
                    └──────────────┘
```

流程梳理

按图索骥

🅐 消费者的消费行为在一定程度上会影响市场的供需关系，而酒店行业提供服务更是基于消费者的行为，因此，要更好地进行营销推广，必然需要对消费者的行为进行细致的分析，从而才能为酒店做好市场定位，也才能进一步制订出适合酒店发展的营销策略。

🅑 网络广告的推广方式的选择非常重要，因为不恰当的广告宣传可能无法吸引消费者的注意，甚至还有一些广告会引起消费者不适，从而让消费者产生厌烦心理，进一步就会损害酒店在消费者心中的形象，这显然是不利于酒店日后的发展。所以，酒店营销部门要确定合适的网络广告推广方式，不仅为酒店吸引消费者注意，还为酒店提升品牌形象。

🅒 酒店营销部门的工作并不是实施了营销推广就可以了，为了使酒店以后的发展更顺利，就需要对营销效果进行测评，通过测评结果发现当前营销工作中存在的问题，据此积极采取措施调整营销策略和方案，提高酒店营销效果，为酒店打开市场做好资料的收集和整理工作。

答疑解惑

问：宾客连续光顾酒店几次后要求优惠怎么办？

答：首先对宾客的多次光顾表示感谢，楼层部长、主管等一定要亲自到桌问候，主动送果盘或者其他小吃，可视其每次消费的金额，进行不同的优惠处理。比如，每单金额都较大，证明宾客有是有实力的客户，可由楼面经理出面交换名片，并为其申请贵宾卡，并通知宾客方便的时候到酒店领取；如果是因为出差或会议集中消费，次数较多，则可向宾客推荐积分卡消费业务，同样可享受优惠。

问：微信营销时朋友圈受限怎么处理？

答：①严格控制营销文案的发送数量；②朋友营销类文案每天发送尽量不超过3条，每天上午、中午、晚上各发送一条非营销文案朋友圈；③对不同的用户进行分类，可见与不可见，如低意向、无意向和反感的用户注意减少展示条数或设为不可见。

问：为了做好酒店营销工作，营销人员需要做的预测工作有哪些？

答：①预测酒店同期客源情况，如每日出租房间数、散客房间数以及来自订房中心的散客比例；②关注节假日期间的天气预报，若天气好，可留出部分房间以出售给临时性的上门散客，若天气不好，就需要多吸收一些团队，作为客房的铺垫；③预测本市同类酒店的预订情况等。

答疑解惑

问：如何避免酒店网站建设效果一般?

答：①确保网站简明扼要地向消费者说明酒店的特色；②利用高清优质的图片和视频，动静结合诠释酒店特色；③号召客人采取行动，并辅以适当的激励，使客人感觉到当前交易机不可失、时不再来；④确保订票服务人员态度热忱、友好；⑤实现网站本地化，让客人了解酒店周边环境；⑥在网站安装定位和追踪工具；⑦建立移动兼容网站。

实用模板

访问报告单	潜在客户调查书	营销部工作打算审批书
公关活动策划书	销售任务通知单	月销售统计表
酒店竞争对手信息调查表	销售协议签订授权单	重大营销活动策划书
酒店重大活动记录书	销售协议审批书	重要客人接待通知书
客源分析表	销售员打算审批书	专案访问通知单
媒体新闻提供书		

第7章

财务与人力资源管理让运营有条不紊

任何企业，包括酒店在内，都需要进行财务管理和人力资源管理。一方面，财务是酒店经营管理工作的命脉；另一方面，人力资源是酒店经营管理的服务基础。只有做好财务与人力资源管理，才能使酒店既管好"财"，也管好"人"。

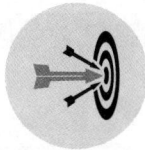

7.1　酒店营收管理

对于酒店而言，其营收是赖以生存和发展的动力，营收大于经营成本，才有获利，而获利才能用于扩大经营规模。试想一下，如果酒店营收不理想，甚至低于经营成本，长此以往，酒店就会因为难以维持经营而破产倒闭。所以，酒店管理人员要重视营收管理。

7.1.1　为产品、服务设计合理的定价

酒店在为产品、服务设计合理定价时，通常会依据两个因素，一是所处商圈竞争对手的价格，二是根据消费者需求定价。

实务中，如果酒店盲目地用低于竞争对手的日均房价和客房平均收入来提高客房入住率，长期下来就会形成恶性竞争，不利于酒店盈利。因此，所处商圈竞争对手的价格只能作为酒店设计合理定价的一个依据，而真正起到主导作用的还是消费者需求。

◆　从消费者未来需求出发考虑定价

无论是酒店提供的产品或服务，还是其他企业提供的产品或服务，供需矛盾才是影响价格在价值水平线上上下浮动的根本原因。如果未来消费者在产品或服务的质量和数量需求很高，则酒店就可以自如地管理价格；反之，如果未来消费者需求下降，一般就需要通过降低价格来吸引消费者，从而获得更多市场份额。

◆　从消费者潜力出发考虑定价

具有消费潜力的消费者最有可能成为酒店的目标客户，而目标客户才是酒店保证价格正确的参照对象。酒店需要从具有消费潜力的消费者中找到最具潜力消费者，分析这些消费者对酒店价格的需求，这样可帮助酒店设计出尽可能合理的定价。

◆ 从消费者需求来源出发考虑定价

酒店分析客户的需求来源，能鉴别出新的消费群体，为酒店指明营销方向。分析时主要涉及以下问题。

购买酒店产品、服务或竞争者产品、服务的宾客主要来自哪里？

30 天、60 天以及 90 天后，这种需求来源会怎样变化？

酒店在获得更多搜索或预订方面是否比以前表现得更好？

......

通过这些问题，酒店可从消费者的消费能力、搜索频率以及成功预订等方面分析其偏好的价格区间或价格水平，从而合理定价。

◆ 从营销可行性出发考虑定价

酒店的营收管理要与营销活动相辅相成，不仅要通过营销活动实现酒店的定价策略，还要通过酒店产品或服务的合理定价促进营销活动的开展，从而提高业绩，增收获利。

7.1.2 适时调整产品、服务的价格

市场是不断变化的，要想使产品或服务的价格适应市场的变化，就需要在市场营销活动中，根据市场状况和酒店条件等价格影响因素的变化适时修订和调整产品的价格，这就是价格调整策略。

换句话说，调整价格就是要促使产品或服务的价格适应供求变化，并与营销组合的其他因素更协调，从而发挥最佳促销作用，提高营销效益。由此可见，价格调整策略实际上是一种动态定价策略。

酒店调整产品或服务的价格，主要可以从两个方面入手，一是产品或服务的生命周期，二是经营的淡旺季。

（1）从产品或服务的生命周期出发调整价格

产品或服务一般需要经过入市期、成长期、成熟期和衰退期，不同周期中价格水平通常是不一样的，相关调整策略见表7-1。

表7-1 不同生命周期中产品或服务价格调整策略

生命周期	价格调整策略
入市期	①想要产品或服务在市场中站稳脚跟，可采取低价"渗透定价"法，即给新产品或服务定较低的价格，通过广泛的市场渗透迅速提高酒店的市场占有率。该方法虽然能使酒店产品或服务快速打开销路，但投资回收期较长，如果想要在短期内获利，则不适用这种方法 ②想要在短期内获利，可采取高价"撇脂定价"法，即以远高于成本的价格推出新产品或新服务，实现短期利润最大化。该方法虽然能在短期内迅速获利，但较高的价格会抑制消费者的潜在需求，不利于长远发展 ③满意定价法是介于"渗透定价"与"撇脂定价"之间的价格策略，采用该方法得到的价格通常比较稳定，但同时导致经营保守，可能丢失高获利机会或变相延长投资回收期
成长期	在产品或服务的成长期，通常根据市场供需关系合理调整价格，若市场供大于求，则在不损害企业和产品、服务形象的前提下合理降价；若市场供小于求，则在不扰乱市场的情况下可适当调高价格
成熟期	产品或服务处于成熟期，市场饱和度逐渐升高，直至完全饱和，这个过程中，市场供逐渐大于求，要想产品或服务卖出去，就得采用低价策略，视情况合理降低价格
衰退期	处于衰退期的产品或服务，基本上已经不能再为酒店带来盈利，定价策略以保持营业为主，通过更低的价格占有市场份额，减少竞争对手强大的可能性，同时需等待适当时机使产品或服务退出市场

（2）从经营淡旺季出发调整价格

有很多行业在一年的经营过程中会经历淡季和旺季，淡季销量明显下降，旺季销售火爆。试想一下，如果酒店在淡季时依然保持较高的销售价格，则本来购买产品或服务意愿就不强的消费者更加不会"买账"；而如果在淡季时价格过低，酒店又会流失很多利润。因此，酒店需要从经营淡旺季角度出发，适当调整价格。

但如果在淡季时，产品或服务本身的价格已经比较低了，且符合大多数消费者的消费水平，就没有必要再调低价格；同理，如果在旺季时，产品或服务本身的价格已经较高了，如果再高就会影响销量时，就没有必要再调高价格。总之，价格是否需要调整，最根本的还是看市场的供需关系。

7.1.3 客房和餐饮收入控制

这里的客房和餐饮收入控制实际上是指做好客房和餐饮收入的管理，因为这两项收入是酒店经营获利的主要来源，只有做好管理工作，让客房和餐饮收入合理化，才能保证酒店正常、顺利地经营下去。那么，实务中应该从哪些方面入手控制客房、餐饮收入呢？

（1）客房收入控制

客房收入是酒店经营收入的主要来源之一，且占比较大，对其进行控制，主要从以下几个方面入手。

◆ 入住登记时的管控

酒店的入住登记工作时为宾客建立档案，以便计算、汇总和结算宾客在酒店的全部消费。如果入住登记没有做好，张冠李戴或者宾客信息不完整，导致收银错误或者产生金钱纠纷，就会给客房收入带来不利影响，比如少记或多记房费收入、错记房费收入等。

◆ 审核各种单据

尽可能地在所有账单单据上附相关预订单、宾客入住登记表和押金单等凭证，这样方便查账，也便于核算相关服务项目的金额。如果是网络预订房间，必须附有网络订单；团队订房必须附有团队订单。各种单据还要层层审核，具备完善的审核手续才能入账，防止虚增收入。

◆ 适时审核房价

审核宾客的消费明细账单与入住登记表上记录的房价是否一致；审核明细账单与宾客的预订单上的房价是否一致；审核住宿登记表上的房价与预订单上的房价是否一致；审核房价是否符合酒店当月或当季制定的房价体系；审核特价房、减免房费的情况；审核房间内消费的账单是否已经入账等。这些审核工作都是为了避免漏账、错账和宾客跑账。

◆ 记好预收账和应收账

酒店经营过程中的预收账和应收账是没有第一时间计入客房收入、餐饮收入或其他收入的钱。为了后期财会人员明确做账，必须要将预收账和应收账记录准确。一旦记录错误，就可能导致财会人员在对客房收入和餐饮收入进行入账时出错，从而虚增或虚减酒店经营收入，后期可能涉嫌偷税、漏税，对酒店不利。

◆ 押金审核

对押金的审核实际上是对酒店预收账的审核，具体审核账单中收押金是否与押金通知单中的金额一致；押金通知单上的预付金额是否与押金明细表中的记录一致；检查押金通知单中的宾客信息是否填写齐全，包括房号是否与账单中的房号一致等。这样做，避免押金收错或押金账单记账错误，导致后期退还押金或抵冲房费时出错，进而影响客房收入。

（2）餐饮收入的管控

酒店的餐饮收入项目比较复杂，因此更需要细致的管控，主要从以下三个方面展开。

◆ 审核餐饮账单

无论是客房收入还是餐饮收入，最后财会人员都要凭借各种账单入账，因此，要管控好餐饮收入，就必须管理好餐饮账单。通过审核账单是否连号使用，作废账单是否齐全且有相关人员签字，审核无误后的账单使用情况是否在统计表中做好了登记，餐饮账单的具体消费明细是否与系统记录一致，点菜单以及更改过的点菜单是否有餐饮服务人员和收银员的签字等，明确餐饮收入的合理、合规及准确。

◆ 审核餐饮折扣和菜品赠送情况

酒店餐饮的各种折扣和菜品赠送，最终都会影响餐饮收入的核算，因此需要对这些折扣和赠送情况进行严格审核，如审核账单上打折的折扣和赠送的菜品是否符合酒店的相关规定，附有折扣或赠送的账单的手续是否齐全且是否有相关权限人签字等。折扣或赠送情况要在账单中明确注明，方便后续财会人员分辨餐饮收入的入账金额。

◆ 审核餐饮挂账情况

审核餐饮挂账情况，主要审核挂账账单是否有餐饮部经理签字的预订通知单且通知单内容填写完全；审核挂账单位或宾客是否是酒店的信贷协议客户，信贷协议是否在有效期限内；没有信贷协议的是否有相关担保；挂账的金额是否超过宾客在酒店的信用额度，超过额度的是否有相关担保；挂账账单是否有负责人签字等。

因为挂账相当于酒店先为宾客提供服务和产品，宾客后支付钱款，这对酒店来说就存在后期无法收回款项，从而导致"白"服务的情况发生，给企业的餐饮收入造成损失。所以，酒店需要严格审核挂账情况。

7.1.4 其他收入控制

酒店经营收入除了占大部分的客房收入和餐饮收入，还有诸如会议收入和康乐收入等收入项目。这些收入项目都可以从如下所示的方面进行控制。

◆ 账单的保管

由于会议和康乐等服务项目对酒店来说不是主体服务项目，因此收入可能会比较杂乱。为了更好地进行收入控制管理，需要妥善保管好相关账单，同时保证账单记录准确无误，折扣优惠等信息也要注明清楚。

◆ 审核挂账情况

酒店提供的康乐项目众多，如果宾客很多都采取挂账的方式消费，会给酒店带来很多无法立即变现的收入。如果管理不好，酒店的康乐收入就很可能产生很多呆账或坏账，最终降低康乐收入。所以，酒店很有必要定期审核宾客在康乐项目上的挂账情况，尽可能地减少挂账情形或金额。

◆ 做好现金收付管理

酒店的康乐服务主要是向散客提供，偶尔会有团队客户订购，因此收银员的收付款操作比较频繁，容易出错。对此，收银员和领班或主管等要协同做好现金收付管理，当日收取的现金纸币需要及时交给酒店的出纳人员进行保管。

◆ 金额明细要记清楚

酒店的康乐收入由于比较零散，因此金额明细不必记录太详细，但会议收入往往一次金额较大，所以需要对会议的大致情形进行详细的记录，如会议大致主题、参会人数、占用的会议室及其面积大小等。这样便于后期审核会议收入是否合理。

◆ 分析收入项目是否合理

酒店提供的会议服务和康乐服务，由于不是主体服务项目，因此经营过程中需要考虑其设计的合理性。如果不合理，甚至给酒店经营带来亏损，则没有存在的必要。

◆ 要注意区分饮品收入的归类

会议服务和康乐服务中提供的饮品，要审核其是否收取了宾客的钱。如果收了钱，要区分其收入是计入相应的会议收入还是康乐收入，或者计入酒店的餐饮收入。计入的收入项目不同，会相应地影响这些收入项目的核算金额。

7.2 酒店成本费用开支管控

酒店经营过程中，如果一味地关注收入而忽略了成本费用开支，即使酒店有很高的经营收入，也可能在高成本费用开支的情况下出现亏损。所以，管控收入的同时也要管控好成本费用。

7.2.1 明确成本费用开支的具体范围

经营一家酒店，需要的花费项目特别多，而且特别杂，要做好成本费用管控，首先需要明确成本费用开支的具体范围，成本费用开支项目见表 7-2。

表 7-2 酒店经营过程中的成本费用开支项目

类 别	费用项目	简 述
材料支出	餐饮材料	指餐饮部在其饮食加工、经营过程中需要的各种原料，如肉食、调料、配料、蔬菜、干货和锅碗瓢盆等的耗费，同时还包括餐饮部因加工饮食制品支出的燃料费
	客房物资	包括客房日常使用的针棉纸品、塑料制品、卫生用品、印刷品、办公文具和纸张等
	酒店设施设备	包括客房、餐厅以及办公室的一些日常使用品，如桌布、餐具、塑料制品、卫生用品、日常维修用材料、零配件、空调、冰箱、电视机、浴缸、便池或马桶，以及康乐中心和会议室需要的健身器材、办公桌椅、投影仪和音响等所需的开支
人工支出	固定工资支出	指酒店合同员工（即固定员工）的工资、薪金、福利费、奖金、补贴、工作餐和服装费等支出
	临时工资支出	指酒店临时聘用的工作人员的工资支出
	差旅费	指酒店各个营业部分的工作人员因公出差所需的各项费用开支

类　别	费用项目	简　述
营销开支	广告宣传费	指酒店开展营销活动的过程中进行广告宣传而需要支付的广告费和宣传费
	业务招待费	指酒店各类工作人员在业务开展过程中必要的业务招待费，但税法对业务招待费的税前扣除限额有严格的规定，所以经营过程中不能随意发生业务招待费开支
其他支出	运输费、保险费	包括购进原料或提供服务与产品时发生的各种运输费和保险费
	税费	因为提供服务或产品而需要缴纳的各种税费，如增值税、消费税和城市维护建设税等
	水电费	包括酒店各个营业区域在其经营过程中耗费的水费和电费
	洗涤费	指酒店各个营业部分为本部门的员工洗涤工作服所产生的洗涤费开支
	工会经费	指酒店按职工工资总额的 2% 提取的工会经费开支
	职工教育经费	指酒店按职工工资总额的 8% 提取的职工教育经费支出
	董事会费	指酒店的董事会及其董事为了执行各项职能而产生的各种费用，包括差旅费和会议费等
	修理费	指酒店从外部聘请维修人员开展维修工作所需支付的修理费

7.2.2　掌握避免餐饮浪费的措施

随着人们生活水平的不断提高，同时对饮食质量要求也越来越高，餐饮浪费的现象屡见不鲜。对酒店来说，有必要积极采取措施减少餐饮浪费，不仅可以省出一笔可观的原材料费用，还能减少餐饮垃圾的数量，提高卫生质量。那么，酒店具体可以从哪些方面避免餐饮浪费呢？

◆ 客人点餐时主动引导

普通人的正常食量都是有限的，而有些人在点餐时为了面子，总是喜欢点很多，明显超过用餐人数正常食用量，这就必然会造成浪费。如果能打包带走还能减少浪费，但很多人觉得打包很"掉价"，从不考虑剩菜打包。为了从源头上减少餐饮浪费，酒店餐饮服务人员在帮助宾客点餐时，可预估用餐人员的食用量，适当建议，准确引导。

◆ 实施"光盘"奖励或浪费惩罚

酒店可明文规定，如果顾客用餐能做到"光盘"，便给予用餐费一定的优惠或折扣；反之，如果用餐超过一定数量的剩余且不打包，便另收取相应的费用以示惩罚。尤其是一些自助餐，更应该设置浪费罚款的机制。

为了切实鼓励宾客将剩菜打包，酒店可提供剩菜免费打包服务，这样可以从不想付打包费的宾客身上找到避免餐饮浪费的"缺口"，提高剩菜打包的概率。

◆ 尽可能推出分量少的菜

近年来，不少酒店和餐饮企业纷纷推出小碗儿菜、半份菜或拼盘菜等销售模式，这样能在一定程度上减少宾客吃不完的情况。相应地，宾客花费的用餐费可能会降低，还会给宾客以经济实惠的良好体验，有助于吸引一波回头客。

◆ 餐饮部做好原材料预算

酒店餐饮部要与营销部协同合作，预测酒店当月的客流量以及餐饮销售情况，从而编制餐饮原材料预算，减少原材料过多堆积而导致过期变质，同时防止原材料过少来不及补货。

◆ 找寻利用食材边角料出新菜的可能性

如果酒店餐饮部实在无法准确预估当月食材用量，则可以另觅他途，找寻其他办法利用食材边角料出新菜，这样不仅避免了食材的浪费，还能推动酒店餐饮服务的品质提升。

除此以外，酒店需要在持续经营管理过程中去发现避免浪费的措施，积极实施，把减少餐饮浪费当成日常工作来开展。

7.2.3　人力成本控制

人力成本是指企业在一定时期内，在生产、经营和提供劳务或服务活动中，因使用劳动者而支付的所有直接费用与间接费用的总和。在酒店经营成本中，人力成本也占了很大一部分，所以要想控制经营成本，可以从控制人力成本出发。

在学习如何控制人力成本之前，有一些常识必须要知道，简单介绍如下。

①人力成本不等于工资，也不等于支付给所有员工的工资总额。

②人力成本不等于使用成本。除了使用成本，人力成本还包括人力获得成本、开发成本和离职成本等。

③控制人力成本不等于减少人力成本。

④控制人力成本不等于减少员工收入。

⑤员工收入较高不等于人力成本较高。

酒店的管理人员要明白，人力成本的控制并不是减少人力成本的绝对值，因为人力成本的绝对值高低必然会随着社会经济的变化而变化。那么，人力成本控制究竟指的什么呢？

人力成本控制，是要降低人力成本在总成本中的比重，增强酒店产品或服务的竞争力；是降低人力成本在销售收入中的比重，增强员工成本的支付能力；是要降低人力成本在酒店增加值中的比重，即降低劳动分配率，从而增强人力资源的开发能力。

人力成本的控制措施，可以从人力成本的构成入手，具体内容见表 7-3。

表 7-3　人力成本的构成及相应的控制措施

构　成	细　分	简　述	控制措施
获得成本	招聘成本	包括招聘人员的直接劳务费、直接业务费，如招聘会议费、差旅费、广告费、宣传资料费、办公费、临时场地及设备使用费	①减少招聘活动的频率，提高招聘效率 ②选择低成本、高效率的招聘广告宣传渠道 ③宣传资料重复利用等
	选拔成本	包括初试、复试和体检等各个环节发生的一切与决定录用或不录用有关的费用	①尽可能减少面试环节 ②若有笔试，应尽量安排在初试环节等
	录用成本	包括录取应聘者发生的手续费、调动补偿费等由录用引起的有关费用，这些费用一般是直接费用	①尽量将新员工安排在应聘的岗位，减少调动补偿费 ②尽可能将所有新员工安排在同一时间入职，减少入职手续的办理等
	安置成本	指酒店将被录取的员工安排在确定工作岗位上的各种行政管理费用，包括人力资源部门安排人员的劳务费和相应的咨询费等	①所有新员工的工作岗位安排工作尽量在同一时间进行，减少安排人员的劳务费 ②将向新员工答疑解惑的工作与岗前培训结合，不再单独接受新员工的咨询等
开发成本	上岗前培训成本	包括培训者与受培训者的工资、培训者与受培训者离岗的人工损失费、培训管理费、资料费和培训设备折旧费等	①制定科学、合理的薪酬制度，减少员工的离职情况 ②合理印刷培训资料，节约资料费 ③简化培训工作，减少培训管理费等
	岗位培训学习成本	指酒店为使员工达到岗位要求而对其进行培训或给予学习机会所发生的费用，包括上岗培训成本和岗位在培训成本	①非必要岗位学习不安排员工进行学习 ②为员工提供真正有用的学习机会，避免浪费 ③尽可能将员工集中培训学习，减少培训频率等

续上表

构　成	细　分	简　述	控制措施
使用成本	工资薪金等支出	包括因员工付出劳动而需要支付给员工的工资、薪金、奖金、津贴、补贴和年终奖等支出	①制定科学合理的薪酬管理制度，提高员工对薪酬的满意度，激发员工积极性 ②严格区分奖金、津贴和补贴的用途，忌混淆，忌管理不清 ③提高员工工作效率，提高人力使用成本效益等
离职成本	离职补偿成本	指酒店辞退员工或员工自动离职时，酒店应补偿给员工的费用，包括至离职时间为止应付员工工资、一次性付给员工的离职金和必要的离职人员安置费等支出	①制定科学合理的薪酬管理制度，减少员工流失 ②签订劳务合同时双方在合法、合规的情况下明确各自的责任，减少由于酒店原因而需要对员工支付补偿费的情况发生等
	离职管理费用	是酒店管理人员因处理离职人员有关事项而发生的管理费，如面谈时间成本、与离职有关的管理活动费用	①协助人力资源管理者降低离职率，减少离职管理活动的发生 ②尽可能简化离职面谈程序，减少面谈时间成本等
	空职成本	指员工离职后酒店职位空缺的损失费用，以及由于某项职位空缺可能会使某项工作或任务的完成受到不利影响，从而给酒店造成的损失	①协助人力资源管理者降低离职率，减少空职情况的发生 ②做好员工心理及情绪的观察工作，预估离职率，尽早做好下一阶段的招聘安排工作等

从表7-3中的内容可知，酒店人力成本控制的重点不是减小成本绝对值，而是要使人力成本花得值、花得合理、花得规范、花得有理有据，要杜绝人力成本浪费，使每一分人力成本都能发挥效用。

7.3 明明白白纳税管理

酒店行业在营改增之前，需要缴纳营业税，但营改增以后，取消了营业税，酒店变成了增值税纳税人。由于增值税在我国作用重大，因此酒店经营需要做好包括增值税在内的所有纳税管理工作。

7.3.1 做好应纳税种税额核算

要明确应纳税种税额如何核算，首先需要搞清楚酒店经营过程中可能涉及哪些税种需要纳税。下面分别介绍这些可能涉及的税种和应纳税额的计算。

（1）增值税

增值税是以商品或应税劳务在流转过程中产生的增值额作为计税依据征收的一种流转税。对于酒店来说，其客房经营收入、餐饮收入和康乐收入等都要按照增值税的纳税规定严格缴税。

实务中，小规模的酒店可能是小规模纳税人，则在缴纳增值税时适用增值税征收率 3%（不考虑税收优惠的正常情况下）。

而大中型酒店通常是增值税一般纳税人，在缴纳增值税时适用增值税税率，但需要按照不同的经营业务对应的税率计缴增值税，如餐饮服务收入和客房出租收入对应销售生活服务中的餐饮住宿服务的增值税税率 6%；康乐服务收入对应销售生活服务中的旅游娱乐服务和居民日常服务的增值税税率 6% 等。

如果酒店是小规模纳税人，则增值税应纳税额的计算按如下公式确定。

$$增值税应纳税额 = 销售额 \times 征收率$$

$$销售额 = 含税销售额 \div （1 + 征收率）$$

实操范例　计算酒店客房出租收入应缴纳的增值税

某酒店为增值税小规模纳税人，2021 年 9 月实现客房出租收入共计 9.00 万元（含税），已知该酒店不符合任何税收优惠条件，计算酒店当月客房出租收入需要缴纳的增值税。

销售额 =90 000.00 ÷（1+3%）=87 378.64（元）

增值税应纳税额 =87 378.64×3%=2 621.36（元）

如果酒店是增值税一般纳税人，则增值税应纳税额的计算按如下公式确定。

增值税应纳税额 = 当期销项税额 − 当期进项税额 − 前期留抵税额

销项税额 = 销售额 × 适用税率

销售额 = 含税销售额 ÷（1+ 适用税率）

进项税额 = 购进原材料、燃料、动力等支付的价款 × 适用税率

在上述计算公式中，留抵税额指企业当期的增值税销项税额小于进项税额的差额。在 2019 年新规实施前，留抵税额采取的是不予退还制度，而新规实施以后，留抵税额实行退税制度。换句话说，2019 年后，企业在计算增值税应纳税额是可能不存在前期留抵税额了。

实操范例　计算酒店餐饮收入的增值税销项税额

某酒店为增值税一般纳税人，2021 年 9 月实现餐饮收入共计 24.00 万元（含税），已知该酒店不符合任何税收优惠条件，计算酒店当月餐饮收入对应的增值税销项税额。

销售额 =240 000.00 ÷（1+6%）=226 415.09（元）

增值税销项税额 =226 415.09×6%=13 584.91（元）

因为增值税一般纳税人在计算当期需要缴纳的增值税税额时，涉及当期增值税进项税额，即购买食材、办公用具、设施设备和餐桌椅等收到的增值税专用发票上记载的增值税税额，最终与酒店经营收入对应的所有增值税销项税额一起，核算出酒店当期需要缴纳的增值税税额。所以，上述

案例中没有直接计算酒店当月需要缴纳的增值税税额，而只是计算出了餐饮收入对应的增值税销项税额。

（2）城市维护建设税

城市维护建设税简称城建税，是以纳税人实际缴纳的增值税和消费税税额为计税依据征收的一种税。也就是说，只要纳税人实际缴纳了增值税和消费税中的任意一种或全部税款，就需要相应地缴纳城市维护建设税。

根据《中华人民共和国城市维护建设税法》的规定，我国城市维护建设税适用的税率有三档，具体内容如下：

①纳税人所在地在市区的，税率为 7%；

②纳税人所在地在县城或镇的，税率为 5%；

③纳税人所在地不在市区、县城或镇的，税率为 1%。

城市维护建设税应纳税额的计算公式如下所示：

城市维护建设税应纳税额 = 实际缴纳的增值税和消费税税额合计 × 适用税率

实操范例 计算酒店当期应缴纳的城市维护建设税

某酒店为增值税一般纳税人，假设 2021 年 9 月实际缴纳的增值税税额为 16 375.84 元，不涉及消费税的缴纳。已知该酒店不符合任何税收优惠条件，当地城市维护建设税税率为 7%，计算酒店当月应缴纳的城市维护建设税税额。

城市维护建设税应纳税额 = 16 375.84 × 7% = 1 146.31（元）

注意，城市维护建设税一般随同增值税和消费税一起缴纳。

（3）企业所得税

企业所得税是对我国境内的企业和其他取得收入的组织的生产经营所得和其他所得征收的一种所得税。注意，这里的所得与增值税内容中提到的"收入"不同，这里的所得是指收入扣除所有成本、费用和损失后的收益总额，相当于人们常说的"毛利"。

在我国，企业所得税税率通常为25%；符合税收优惠条件的，税率可能更低，如20%、15%、10%等，甚至免税。企业所得税应纳税额的计算公式如下。

应纳税所得额 = 收入总额 − 不征税收入 − 免税收入 − 各项扣除 − 以前年度亏损

企业所得税应纳税额 = 当期应纳税所得额 × 适用税率

实操范例 计算酒店当期应缴纳的企业所得税

假设某酒店2021年9月实现利润总额为12.00万元，没有纳税调整事项，也没有符合任何税收优惠条件，适用企业所得税税率为25%，计算酒店当月应缴纳的企业所得税税额。

当月应纳税所得额 =120 000.00（元）

企业所得税应纳税额 =120 000.00×25%=30 000.00（元）

当月净利润 =120 000.00−30 000.00=90 000.00（元）

从上述案例可知，酒店在计算出当月应缴纳的企业所得税税额后，紧接着就可以计算出当月实现的净利润，它等于当月利润总额扣除缴纳的企业所得税费用后的余额。

除了这3种常见的税种，酒店经营过程中还可能涉及其他税种，比如在进口食材时可能涉及关税；在购买用于提供餐饮和住宿服务的酒店建筑物时会涉及房产税或契税；在购买经营用车辆或船舶时会涉及车辆购置税或车船税……这里就不再作详述。

7.3.2 开展税务自查

税务自查是指税务机关通知企业进行自己检查，而后汇报税务机关的建议检查方法，其弱于税务检查，更弱于税务稽查。简单来说，税务自查就是企业内部自行开展税务检查工作，发现纳税问题并及时改正，防止纳税问题被税务机关在税务检查（税务机关组织的）工作中发现而受到相应的惩处。

> **知识扩展** 税务检查和税务稽查
>
> 税务检查是税务机关对内和对外检查监督的统称，对内检查指各级税务机关根据国家的税收政策法规、税收管理体制和税务人员管理制度，对下级税务机关及税务人员贯彻执行税收政策、法规和体制情况进行检查监督的一种方式；对外检查指税务机关根据国家税收政策、法规及财务会计制度，对纳税人履行纳税义务情况进行检查监督的一种方式，也称纳税检查。
>
> 税务稽查是税收征收管理工作的重要步骤和环节，是税务机关代表国家依法对纳税人的纳税情况进行检查监督的一种形式，具体包括日常稽查、专项稽查和专案稽查。看上去与税务检查差不多，但效力强于税务检查。

那么，酒店如何进行税务自查呢？可以从以下这些点入手进行：

①自查票据入账的操作是否规范；

②对资金融通中利息不当列支的自查；

③对固定资产加速折旧是否合理的自查；

④对所得税汇算清缴申报表填列中的普遍性问题的自查，如会计信息填报时常见问题的自查、纳税调整信息填列中的普遍性问题的自查以及税收优惠项目信息填列中的普遍性问题自查；

⑤各税种缴纳情况的自查；

⑥增值税典型问题自查，如滞留票据问题和解决方案、关于纳税义务发生时间常见的税务风险与纳税争议、常见价外费用税务争议焦点与风险处理以及资产类典型的涉税事项与问题解析等的自查。

7.3.3 学习并实施税务筹划

税务筹划即纳税筹划，是指对涉税业务进行筹划，制作一整套完整的纳税操作方案，从而达到纳税筹划的目的。

酒店经营也以获利为目的，需要尽可能地减少成本，降低损耗。需要注意，纳税筹划不是让纳税人偷逃税款，而是在符合国家法律和税收法规的基础上，以生产经营和投资理财活动为导向，使纳税人的税收利益最大化，包括税负最轻、税后利润最大化和企业价值最大化等。所以，税务筹划的目的不仅仅只是税负轻。

那么，酒店进行税务筹划时，具体可以从哪些方面入手呢？下面来简单了解主要的两个筹划方向。

◆ 利用税收优惠政策

我国国家税务总局为了给企业减轻税负，颁布了很多税收优惠政策，主要分类包括免税、减税、适用低税率、加计扣除、应纳税所得额抵扣、加速折旧和一次性税前扣除、减计收入以及应纳税额抵免等。其中，与酒店经营可能相关的包括但不限于以下一些内容：

①国债利息收入、符合条件的居民企业之间的股息与红利等权益性投资收益等，为免税收入；

②符合条件的小型微利企业，减按 20% 的税率征收企业所得税；

③安置残疾人员所支付的工资，在据实扣除的基础上，按照支付给残疾职工工资的 100% 加计扣除；

④由于技术进步、产品更新换代较快的固定资产和常年处于强震动、高腐蚀状态的固定资产，确实需要加速折旧的，可缩短折旧年限或采取加速折旧的方法计提折旧；

⑤酒店购置并实际使用《环境保护专用设备企业所得税优惠目录》

《节能节水专用设备企业所得税优惠目录》《安全生产专用设备企业所得税优惠目录》规定的环境保护、节能节水和安全生产等专用设备的，该专用设备的投资额的 10% 可以从酒店当年的应纳税额中抵免；当年不足抵免的，可以在以后 5 个纳税年度结转抵免。

◆ 利用滞延纳税时间

纳税期的滞延，是指纳税人在规定的纳税期限内不能完成申报纳税，而向主管税务机关申请延后纳税，经批准后，由此发生的申报纳税期限延后的一种经济行为结果。例如，某企业纳税人需要 5 月初缴纳 4 月的相关税款，但经主管税务机关批准后，该纳税人可以在 6 月初缴纳 4 月的相关税款，纳税期从 5 月延后至 6 月。

注意，纳税期的滞延一定要经过主管税务机关的批准，否则纳税人很可能被视为偷逃税款，从而受到处罚。

7.4　人力资源管理

人力资源管理指通过招聘、甄选、培训和支付报酬等管理形式对组织内外相关人力资源进行有效运用，满足组织当前及未来发展的需要，保证组织目标实现与成员发展的最大化的一系列活动的总称。

人力资源管理工作比较复杂，主要分为六大模块：人力资源规划、招聘与配置、培训与开发、绩效管理、薪酬福利管理和劳动关系管理。本节只简单介绍一些人力资源管理的具体工作内容。

7.4.1　做好各岗位人员招聘与筛选

酒店经营离不开人员，因此先要为酒店配置各个岗位的工作人员，才能顺利地开展酒店经营工作。

　　酒店应根据对应聘者的吸引程度选择最合适的招聘方式，如利用报纸广告、网上招聘和职业介绍所等。而对应聘者的挑选有很多种方法，如利用求职申请表、面试和测试等。表7-4是对各种招聘方式的优劣比较。

表7-4　各种招聘方式的优劣比较

招聘方式	简　述	优　势	劣　势
报纸广告	通过将酒店应聘信息发布在报纸上进行招聘	公信力更强，受众范围更广	时间跨度较长，招聘成本较高，无法在短时间内为酒店找到合适的人才
网络招聘	主要是在一些招聘网站上发布招聘信息，邀请找工作的人群投递简历	定时定向投放招聘信息，费用较低，覆盖面较广，获取的信息量较大	无法控制应聘者的质量与数量，筛选压力较大
人才市场	人才市场相当于人力资源中介机构，工作是进行就业登记、掌握劳动力资源、介绍并安排劳动力就业，监督劳动者与用人单位双方	在短期内快速、定向地寻找酒店需要的人才	招聘成本较高，且适用范围较窄
校园招聘	主要是指酒店负责招聘的人带上招聘资料到各高校内组织开展招聘活动	提高酒店在高校圈中的知名度，为酒店储备人才，费用较低	应聘者的职业化水平不高，后期流失率较高，需要酒店投入较多时间和精力培养
内部推荐	主要指酒店内部员工推荐	招聘成本小，应聘者的基本素质可靠且有保障，可以快速找到与岗位工作相适合的员工	选择面比较窄，很难招到能力出众甚至特别优秀的人才

　　社会各界应聘者通过酒店发布的招聘信息，主动求职，但对于酒店来说并不是照单全收，需要通过一定的筛选方式选出最符合或比较符合岗位

要求的求职者。比如通过面试，借助求职申请表，筛选求职者；或者在面试过程中借助笔试题进行测试，进一步筛选出符合要求的求职者。

无论采用怎样的筛选方法选拔人才，只要符合酒店的需求，且合法、合规、合理，就是可行的。

7.4.2 定期进行员工培训

为了提升员工的职业技能，培养良好的职业素养，酒店对员工进行培训是必要的工作。但是，并不是想当然什么时候培训就什么时候培训，培训工作的开展要有计划，比如新员工入职培训是必要的，员工岗位培训在某个时间点是必要的。

而定期进行员工培训大多数指的是员工岗位培训，因为社会经济在不断更迭，各酒店对员工技能的要求也在不断提高，如果不对员工进行定期培训，员工职业技能达不到岗位要求，就很容易被市场淘汰，进而失业；对酒店来说也会流失人才，同时还可能增加离职成本。

所以，酒店需要对内部员工进行定期培训，包括员工技能培训和员工素质培训。培训的方法及适合的人群包括但不限于表 7-5 所示的内容。

表 7-5　员工培训方法及适用人群

培训方法	阐 述	适用人群
讲授法	属于传统的培训方式，优点是操作起来比较方便，便于培训者控制整个过程；缺点是信息单向传递，反馈效果较差	财会人员和人力资源管理者等
讨论法	分为以专题演讲为主的研讨会和小组讨论法，这些讨论法的优点都是信息可以多向传递，讲授者与受培训者之间能多向传递信息，且学员的参与性高，费用较低	客房服务人员、安保人员、餐饮服务人员以及各部门领导工作培训

续上表

培训方法	阐　述	适用人群
案例研讨法	通过向培训对象提供相关的背景资料，让培训对象寻找合适的解决方法。该培训方法使用费较低，反馈效果好，可有效训练学员分析解决问题的能力	客房服务人员、安保人员、餐饮服务人员、前台接待和大堂服务人员等
角色扮演法	学员在培训老师设计的工作情景中扮演其中的角色，其他学员与培训老师在学员表演后做适当的点评。该方法信息传递多样化，反馈效果好，实践性强，费用低，多用于人际关系能力的训练	人力资源管理者、客房服务人员、安保人员、餐饮服务人员和前台接待等
网络培训法	这是一种新型的计算机网络信息培训法，投入较大，但使用灵活，符合分散式学习，节省学员集中培训的时间与费用	财会人员和各部门领导等

无论选择哪一种培训方法，酒店都需要从员工接受程度、时间效益和成本控制等方面做综合分析与考量，选择一种成本低、员工接受度高、培训效果好的培训方法。

7.4.3　员工绩效考核不能少

在人力资源管理工作中，有一大模块就是绩效管理。绩效管理可以帮助企业持续提升员工个人、部门和组织的绩效，酒店也不例外。因此，酒店需要对员工进行必要的绩效考核，以此检验员工的工作情况，同时督促员工积极、有效地完成工作任务。

很多酒店为了规范员工绩效考核工作，会专门制定员工绩效考核办法或制度，下面先来看看某家酒店制定的员工绩效考核办法。

实用范本 员工绩效考核办法

依据酒店投资回收预算，为全面落实酒店投资回收计划，进行有计划、有步骤地达成目标，现在拟定店长、主管、员工绩效考核办法。

一、经理和高层管理级绩效考核

（一）整年营业任务目标

年度营业目标 240.00 万元，即每月营业任务平均，平均每月 20.00 万元，即每天平均营业额约 6 666.00 元，按平均房价 159.00 元（原值平均房价为 149.00 元，另附加平均商品价和钟点房价共分担 10.00 元），保障每天开到 42 间房，营业任务绩效考核表见表 7-6。

表 7-6 营业任务绩效考核表

全年营业任务：240.00 万元		月营业任务：20.00 万元	日营业任务：6 666.00 元
底薪	达成任务比例	奖励提成标准	补贴通信费
基本工资	超额完成日任务	按超出部分的 50% 奖励	300.00 元
基本工资	没有完成任务	领基本工资	300.00 元
基本工资	全年超额完成任务	按年超出部分的 10% 奖励	

（二）经营策略，市场开发手段

1. 市场开拓协议，按房量的 1：5 签订，不断更新，保证总数按有效协议 15.00 元一份，谁签署、谁受益的原则，以入住激活为依据。

2. 会员卡销售，每月按房量的 1：2 销售卡数，当月没完成，不做奖罚。但连续 3 个月没完成的，罚款 200.00 元，以示失职。完成任务按月超出部分数量，按 5.00 元/张提成。

3. 联盟商家 3 ~ 4 家，如大型上档次的餐厅、火锅城、景点销票中心、会展中心，双方签订合作协议，资源共享，共创共赢。

4. 同行竞争对手营销优惠信息调查收集，每月两次，及时调整营业策略。

5. 开房率连续 4 个月以上，达到 90% 以上的，实行房价提价措施，为防止提价后，客人有不满情绪，应先制作好 20.00 元面值代金券，以平息客人对提价产生的意见和不满。

6. 做好客人积分兑换礼品工作，加强与客人的关系。

（三）酒店硬件、软件服务质量考核

1. 酒店全体员工的仪容、仪表、仪态、礼貌、礼节、礼仪及迟到早退等具体标准参考管理手册。

2. 服务态度、服务方式、服务卫生（具体标准参考管理手册）。

3. 工作效率按劳分配、定人定岗工作量，多劳多得（具体定量数据参看员工绩效考核内容）。

4. 实行营业设备设施的维护保养和维修计划，拟定节能降耗预算，实行成本控制（具体数据以近半年的财务数据为依据进行拟定）。

5. 定期进行员工培训，提高员工服务技能技巧，不断开发新的服务方式和服务亮点，最大限度地降低人员工资成本。

6. 合理地给前台、客房主管排休、排班。

（四）客用餐厅、员工饭堂质量管理和成本控制

…………

二、主管级绩效考核

（一）前台主管绩效考核内容

1. 对客服务方面、卫生清洁方面。

（1）对所管区域的员工工作时的仪容仪表、礼貌礼节。

（2）对所管区域卫生打理情况、物品摆放标准等。

…………

从上述案例展示的员工绩效考核办法部分内容来看，酒店对员工进行的绩效考核不仅限于基础员工，对于各部门主管及以上级别的管理者也有相应的绩效考核规定。

实务中，酒店制定员工绩效考核办法或制度时，要针对不同工作性质的员工采取不同的绩效考核方法，不能"一刀切"，否则容易使部分员工考核失效。

7.4.4 员工的离职衔接管理

为了降低酒店的离职成本，可以从降低空职成本入手。换句话说，就

是要做好酒店的员工离职衔接工作，争取少发生或不发生空职情况。那么，如何才能做好员工离职衔接工作呢？

◆ 主动离职提前申请

酒店在制订劳务合同时，可以在合同中明确规定员工日后主动离职时应提前一个月申请，这样酒店就有足够的时间开展招聘工作以接手即将空置的岗位。同时，在这一个月里，酒店与员工之间也可以做好各种账款结算与交接工作。

◆ 尽早做好招聘安排

酒店应提前考虑到职位空缺的可能性，在设计岗位人数时尽量多安排一个人，这样可以避免突然有人离职时相关工作无法顺利完成的情况，也给酒店进行后续的招聘工作腾出缓冲的空间。

另外，在员工提出离职申请之后，就要立即开展相关岗位人员的招聘工作，尽早完成岗位人员的补充。

◆ 及时做好工作交接

在岗位工作人员新旧交替的过程中，酒店相关负责人要监督其做好工作交接，包括一些印鉴、客户资料的交接等。做好工作交接，能保证交接前未完成的工作在交接后继续顺利、正常地完成，以及打算开展而还未开展的工作能在交接后顺序进入实施流程，避免因员工离职带来工作断裂的情况。

◆ 尽量挽留欲离职员工

可能很多企业管理者都意识到，继续聘用老员工比聘用新员工更节省成本，主要是聘用新员工时会增加企业的招聘成本和开发成本等一系列人力成本，同时还面临着空职成本的增加。

所以，酒店在能力范围之内，应尽可能地挽留离职员工，满足他们的需求。当然，如果离职员工向酒店提出不合理的要求，使得酒店成本会大大增加，则酒店也无需强留，还不如抓紧时间招聘新员工，以减少空职成本。

酒店经营管理过程中，员工的离职衔接管理包括但不限于以上 4 点，管理者应随时关注酒店的人事变动，积极采取措施降低人力成本。

7.4.5 人员轮班管理

由于酒店业属于典型的服务行业，一天 24 小时都必须有负责人坚守在相应的岗位上为宾客提供餐饮和住宿服务。因此，酒店经营过程中，很多岗位都需要进行人员轮班管理，这样才能保证一天 24 小时岗位上都有人，尤其是安保人员、客房服务人员、前台接待以及餐饮服务人员。

由于酒店轮班管理是一个比较常见且涉及面较广的管理工作，因此很多酒店都会建立相应的轮班管理制度来规范并指导员工的行为。下面就来看某家酒店建立的总值班制度。

实用范本 酒店总值班管理制度

为了规范酒店内部各部门值班管理工作，提升酒店服务质量，特制定本制度。

一、适用范围

整个酒店所有部门。

二、值班管理

（一）值班时间

周一至周日：早上 08:30 至次日早上 08:30。

国家法定节假日：早上 08:00 至次日早上 08:00(全天值班)。

（二）值班人员

各部门第一负责人（房务部、餐饮部、人力资源部、财务部、市场销售部、保安部）。

（三）值班安排

1.每月由人力资源部按照人力资源部、财务部、市场营销部、房务部、餐饮部、工程部、保安部的顺序对值班人员进行排班，如因特殊情况无法值班，自行负责调换值班，并报人力资源部备案。

2.值班房由客房部根据酒店当天预订情况安排，值班人员的早自助餐及正餐由餐饮部提供。

（四）值班职责

总值班由执行总经理授权对值班期间全酒店的经营、管理和服务等全面工作承担领导、监督和协调职责，总值班对外代表酒店，对内代表总经理。其他值班人员按照值班管理规定履行自己的职责。

（五）值班规定

1.值班人员必须具备良好的职业素质和敬业精神，熟悉酒店的全面情况，尽职尽责，认真检查巡视。所有值班人员必须按时到岗交接工作，未交接班不允许擅自离岗。

2.节假日（含周末）必须当面进行交接班，详细了解上一班情况，是否有需要继续跟进或特别关注的事宜。

3.在客人入住和离店高峰期，应到大堂关注对客服务情况，做好与客人的交流，必要时对各经营点前台的工作给予协助。

4.负责做好对VIP的迎送工作，配合做好接待服务。

5.了解掌握酒店各经营部位的情况，如当日客房餐饮接待人数，接待及重要宴会或活动，当天即将入住或离店的重要团队及VIP客人，协调解决当班时出现的各种问题，确保酒店的正常经营。

6.监督、检查各岗位值班人员履行岗位职责和岗位工作记录情况，包括服务质量、环境卫生、劳动纪律、安全节能和施工安全等；对履行工作职责表现突出、优秀的员工，及时给予表扬；对违章、违纪员工及时给予纠正和批评，并有权下发处罚单。

....

各酒店需按照自身的发展状况以及管理模式等制定符合酒店经营需求的人员轮班管理制度，以规范员工行为，提高酒店服务质量。

工作梳理与指导

人事管理

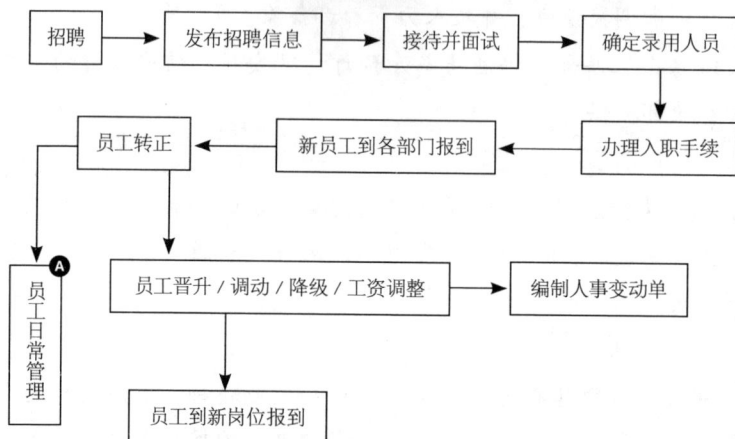

招聘 → 发布招聘信息 → 接待并面试 → 确定录用人员

确定录用人员 → 办理入职手续

办理入职手续 → 新员工到各部门报到 → 员工转正

员工转正 → 员工日常管理 (A)

员工转正 → 员工晋升 / 调动 / 降级 / 工资调整 → 编制人事变动单

员工晋升 / 调动 / 降级 / 工资调整 → 员工到新岗位报到

财务管理

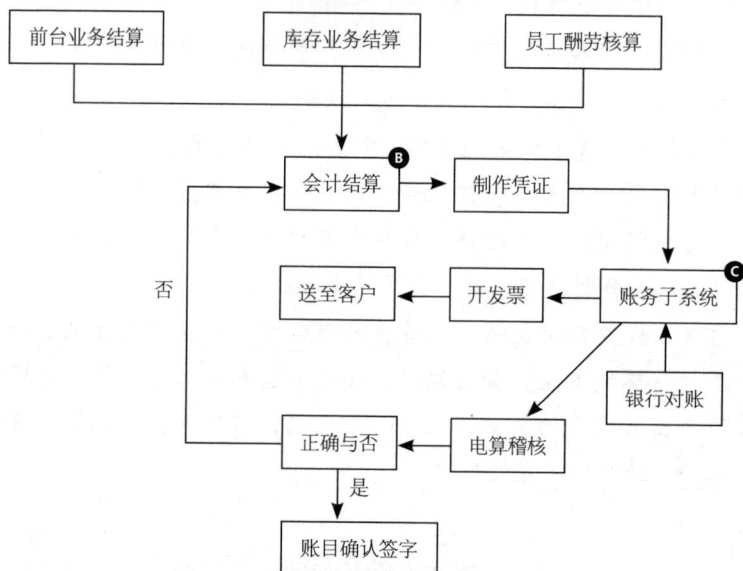

前台业务结算　库存业务结算　员工酬劳核算

→ 会计结算 (B) → 制作凭证

制作凭证 → 账务子系统 (C)

账务子系统 → 开发票 → 送至客户

银行对账 → 账务子系统

账务子系统 → 电算稽核 → 正确与否

正确与否 —否→ 会计结算

正确与否 —是→ 账目确认签字

🅐 员工日常管理是对日常工作的管理,比如轮班管理、绩效考核管理、员工培训管理和员工出差管理等。员工的日常管理工作内容比较复杂,它是酒店人事管理中的一个大部分,与员工招聘管理和员工离职管理等构成整个人事管理工作体系。

🅑 酒店的会计结算工作要包括前台业务结算、库存业务结算和员工酬劳核算这三大项工作。会计结算就是将酒店经营过程中发生的各种账务进行核算,编制会计分录以及一些重要的明细账。经过会计结算,财会人员才能据以制作各种记账凭证,以记录酒店经营过程中的各种账目数据。

🅒 账务子系统主要是指酒店内部自身的财务系统,用于处理采购、财务、库管、人事、资产管理以及账务核算等工作。这个系统的运用,可以减少财会人员的工作量,提高财会工作效率,同时在可以开具发票的条件下开出发票。

问: 如果宾客不听建议非要点很多菜造成浪费怎么办?

答: 首先,餐饮服务人员应再次强调不能浪费,如果宾客仍然不听,也不能强行撤掉宾客的菜品;然后,可以对宾客最终食用剩下的菜品进行品质检测,确定品质未损坏后,分类打包装好,联系当地的流浪狗或流浪猫收容中心,将这些剩菜运去收容中心供猫狗食用。

问: 酒店在税务自查过程中发现相关人员舞弊该怎么处理?

答: ①找到相关责任人确定事情的来龙去脉,弄清楚舞弊的原因和手法;②在酒店自身可控范围内,自行对涉事人员进行处罚。如果事情已经闹大,只能将其交由相应机关处理;③顺藤摸瓜,看是否还有其他未被发现的舞弊行为;④协助相关部门做好调查工作。

问: 对于绩效考核不合格的员工怎么安排?

答: 如果员工是在第一次绩效考核中不合格,则酒店就义务对其进行必要的工作培训,同时了解员工平时的工作状态和心理健康,培训后再次考核如果还不合格,就可以委婉地劝退,以减少酒店的损失。如果员工的人品很好,只是在工作技能的学习掌握方面速度较慢,可以给出较长的适应时间,在合理的时间过后再次进行考核,实在考核不通过,也要委婉劝退。

问: 如果接到员工投诉某员工经常不按轮班管理制度值班怎么处理?

答疑解惑

答：①了解被投诉员工为什么不按照酒店的轮班管理制度完成自己的值班工作；②如果理由合理，则需要让其以后尽量避免类似的事情发生，同时对经常值班的员工进行必要的奖励以示安抚；如果被投诉员工不按照酒店的轮班管理制度值班的理由不合理，则酒店应对其做出相应的处罚，如扣掉当月绩效奖金；③加强酒店轮班管理制度的推行，加强员工的工作责任意识，提高员工晚间值班和节假日值班的工资待遇和福利待遇等。

实用模板

餐饮部厨房菜点定额成本卡	酒店成本费用月统计表	税务自查方案
厨房内部菜谱成本控制表	酒店培训计划表	营业收入日报表
酒店备用金管理制度	客房部人员绩效考核表	应聘登记表
酒店财务管理制度	劳动合同统计表	

第8章

数据信息与网络安全管理要谨慎

　　酒店经营涉及很多网络数据的管理，因此，数据信息和网络安全管理尤其重要。如果数据库被病毒攻击，将造成严重的后果，轻则丢失客户信息，重则泄露客户信息，给客户带去麻烦。本章就来了解酒店数据信息与网络安全管理的相关内容。

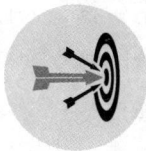

8.1 酒店大数据系统建设

随着科技的发展，很多行业企业办公趋于无纸化，因此大数据管理变得越来越重要。那么，酒店应该如何建设自己的大数据系统以方便经营管理呢？

8.1.1 判断酒店需要什么样的大数据

大数据也称巨量资料，是指所涉及的资料量规模巨大到无法透过目前主流软件工具在合理时间内达到撷取、管理、处理并整理成帮助企业经营决策更积极目的的资讯。

酒店大数据主要分为住前大数据、住中大数据和住后大数据。从字面上理解，住前大数据即宾客入住酒店前产生的数据；住中大数据即宾客入住酒店过程中产生的数据；住后大数据即宾客完成入住，离店之后产生的数据。

（1）住前大数据

酒店的住前大数据包括宾客在酒店网站及 App 等社交工具中搜索、浏览、选择以及预订相关住店服务产生的数据。这类数据能客观地反映出潜在客户的真实需求与喜好。

实务中，还可以结合宾客付款后又取消预订的流向、对点评内容的关注度等信息，判断宾客为何会取消预订，更在意住店服务中的哪些问题等。

（2）住中大数据

酒店的住中大数据包括客房价格、入住人数、宾客对酒店内部哪些服务的需求较多、餐厅有哪些餐食比较受欢迎、宾客入住和离店的时间段、宾客投诉问题和原因、宾客的换房及升级客房的情况、宾客购买过哪些康乐服务以及是否报过设备设施维修等。

这类数据能在一定程度上反映酒店的整体经营情况，也是酒店大数据系统建设占比最重要的一部分，可以从酒店的经营管理活动中获取这些数据。

（3）住后大数据

住后大数据包括宾客对酒店的整体评价、对酒店某一特殊区域或某些特殊服务的评价、宾客离店之后的流向（即是否转向其他酒店消费）以及宾客对酒店提出的一些改进建议等。

这类数据能真实地反映宾客对酒店产品和服务的满意程度，对酒店来说，也可以借助这些数据进行后期的产品与服务质量管理、新产品或新服务的开发以及营销活动方案的改进等。

通过上述内容的学习，再结合酒店经营管理特点，可以总结出：酒店需要的大数据是全面、精细、可视化、有效且实时的。酒店大数据系统的建设，少不了大数据分析工具的辅助。

8.1.2　大数据的作用

大数据并不在"大"而在于"有用"，价值含量和挖掘成本都要比数量更重要。那么，大数据的作用究竟有哪些呢？具体包括如下所示的三个方面：

①经营的产品或服务面向大量消费者的企业，可以利用大数据进行精准营销；

②部分中小微企业可以利用大数据做服务转型；

③面临互联网压力的传统企业，需利用大数据来完成转型，达到与时俱进的目的。

因此，酒店可以利用大数据具备的这些作用，完善自己的经营模式，或者提高自身的服务质量水平，从而获取更多的客源，为酒店日后的发展壮大做好准备。

比如，小型酒店在市场经济不景气时，可以利用大数据进行自身服务的转型；规模较大的酒店，如酒店集团企业，可以利用大数据进行更精准的营销，使酒店进一步发展成为可能；传统模式下经营的旅馆，为了能适应时代的发展，可以利用大数据进行转型，以满足现代人对酒店服务和产品的实际需求。

除此之外，大数据还可为企业搜集到非常多的市场信息、经济信息和其他对发展有帮助的信息，使得企业可以足不出户就了解市场行情走向，从而快速做出经营决策。

8.1.3　酒店大数据的应用管理

实务中，酒店大数据的应用主要在以下几个方面。

（1）在营销管理中的应用

传统的营销模式逐渐无法适应不断更新的酒店营销理念，这使得酒店管理者在掌握市场信息、了解竞争对手的情况以及制定合理的产品与服务价格等方面，行事举步维艰。而利用大数据可以很好地解决这些问题。

酒店通过大数据搜集到的市场信息和数据，对一些标杆数据进行分析，管理者也就可以充分掌握市场供求关系的变化，切实了解酒店潜在的市场需求，从而制订出正确、有效的营销策略，打造出具有竞争优势的产品和服务，同时制定出合理的价格。比如，可以根据宾客的购买习惯，为其推送可能感兴趣的优惠信息。

（2）在客户管理中的应用

酒店利用大数据，搜集住店宾客的相关信息，如姓名、性别、联系方式、住店喜好、住店频率、住店原因以及对酒店的评价。

通过对这些方面的数据进行分析和整理，酒店就可以得出相应的结论，比如深入了解宾客的消费行为、价值取向以及酒店服务存在的不足，有利于酒店改进和创新产品与服务，量化服务价值，制定合理的价格，提高服务质量，从而为宾客提供更符合实际需求的产品和服务，提升酒店在消费者心中的形象，也有利于酒店发展回头客。比如，从大量客户中快速识别金牌客户或重要客户。

（3）在收益管理中的应用

利用大数据，酒店可以通过数据的统计和分析，采取科学的预测方法建立数学模型，使酒店管理者更容易掌握并了解潜在的市场需求。更确切的作用是，可以预测酒店未来一段时间的订房量和价格走势，以帮助酒店实行动态定价和差别定价，从而保证酒店在不同的市场周期中都能实现收益最大化。

（4）在采购活动中的应用

对于酒店来说，无论是餐饮部需要的食材、餐具以及制作餐食的工具等的采购，还是客房部用具、设备和设施的采购，又或者是其他部门需要的办公物资的采购，其数量都不小。为了使这些采购活动最终有据可依，需要妥善管理相关凭据以及对应的数据，以备日后查账时使用。

另外，通过大数据管理系统，酒店还可以跟踪食材以及各种物资的市场价格波动情况，借助科学的分析模型和预测方法来降低采购风险，同时控制好酒店的经营成本，优化酒店资源在各个环节的配置。

（5）在后勤管理中的应用

通过大数据系统，监控后勤管理工作的执行，使其能为酒店各个部门提供必要的协助服务，从而提高酒店服务效率。比如，从大数据中及时解析故障、问题和缺陷的根源。

那么，酒店如何才能应用好大数据，使其发挥应有的作用呢？

数据管理标准化。建立大数据系统处理数量巨大的酒店管理数据，简化数据管理程序，促使酒店信息和数据管理更加标准化。

数据管理安全化。虽然大数据系统的建立有助于酒店简化数据管理程序，但也会因为技术系统的设计而存在一些漏洞，使得宾客信息泄露的问题屡见不鲜，对酒店的正常经营管理与后续发展有着不利影响。所以，酒店应及时更新大数据管理系统，设置专门的数据安全管理部门或者工作小组，保障酒店宾客及运营信息的安全，降低信息外泄风险。

培养适岗人才。酒店要通过大数据管理系统来规范酒店的经营管理工作，需要配备大数据技术应用人才。除了在最初环节招聘到适岗人才，还可以对酒店内部相关维修人员进行大数据管理系统知识的培训，这样可以减少培养大数据管理适岗人才的成本。

8.1.4　数据备份与系统恢复管理

由于大数据系统储备了酒店经营管理过程中的大量数据，且这些数据对于酒店来说非常重要，因此，这些数据的安全性就尤为重要，对数据的备份以及系统恢复的要求就更高。

数据备份是为了防止系统出现操作失误或系统故障导致数据丢失，而将全部或部分数据集合从应用主机的硬盘或阵列复制到其他存储介质的过程。可以看出，数据备份的主要目的是防止数据丢失。

系统恢复有时也叫系统还原，是指在不破坏数据文件的前提下使系统回到正常的工作状态。

对酒店来说，数据备份和系统恢复管理主要是在一开始建立大数据管理系统时就设置好了，一旦系统出现操作失误或系统故障，大数据系统就会自动进行数据备份，待系统故障排除后，又按照相关说明书的要求进行操作，恢复系统，正常办公，过程中保证数据不丢失、不损坏。

有些酒店为了规范数据备份与系统恢复管理工作，会制定有关制度或办法。如下所示的是某酒店制定的数据备份与恢复管理制度。

实用范本 **系统数据备份与恢复管理制度**

第一条 为了确保系统计算机系统的数据安全，使得在计算机系统失效或数据丢失时，能依靠备份尽快地恢复系统和数据，保护关键应用数据的安全，保证数据不丢失，特制定本制度。

第二条 拥有重要系统或重要数据的部（室）应该及时对数据进行备份，防止系统、数据的丢失；涉及数据备份和恢复的部（室）要由专人负责数据备份工作，并认真填写备份日志。

第三条 网络服务器数据备份工作，由服务中心办公室负责，增量备份每日做，系统备份每周做一次。系统管理员在每周最后一个工作日，将应用服务器的数据库文件做一次异机备份，数据保存一个季度。

第四条 备份数据应该严格管理，妥善保存；备份数据资料保管地点应有防火、防热、防潮、防尘、防磁和防盗设施。

第五条 数据的备份、恢复、转出和转入的权限都应严格控制。严禁未经授权将数据备份出系统，转给无关的人员或单位；严禁未经授权进行数据恢复或转入操作。

第六条 一旦发生数据丢失或数据破坏等情况，要由系统管理员进行备份数据恢复，以免造成不必要的麻烦或更大的损失。

1. 全盘恢复一般应用在服务器发生意外灾难导致数据丢失、系统崩溃或是有计划的系统升级、系统重组等。

2. 个别文件数据恢复一般用于恢复受损的个别文件，或者在全盘恢复之后追加增量备份的恢复，以得到最新的备份。

第七条 服务中心办公室必须定期（一般一个月）检查一次保存备份数据能否正常使用，需刻录光盘的数据应经过检验确保数据备份的完整性和可用性后，方可刻录光盘。

8.2 网络安全管理

与酒店内部数据安全性管理相比，网络安全管理涉及酒店外部的数据，因此，需要进行针对性的安全管理。又因为酒店经营管理必然需要连接网络，因此网络安全管理必不可少。

8.2.1 酒店网络建设与维护

网络建设与维护就是搭建网络平台进行平台配置与维护，包括搭建服务系统、在服务系统中搭建并配置 DNS、搭建 FTP 服务器以及对等网之间的搭建、域名服务器的搭建和局域网的搭建等。

另外还有交换机与路由器等的配置工作。以交换机为例，其的基本配置步骤为：设置主机名→配置密码→接口基本设置→管理地址配置等。

网络的搭建包括酒店内部局域网的搭建和外部广域网搭建。

局域网是相对于广域网而言的，主要指小范围内的计算机互联网络，具体的范围可以是一所学校、一家企业、或一家酒店等。

广域网又称外网、公网，是连接不同地区局域网或城域网计算机通信的远程网，通常跨接很大的物理范围，覆盖的范围从几十公里到几千公里，能连接多个地区、城市和国家，或横跨几个洲并能提供远距离通信，形成国际性的远程网。但要注意，广域网并不等同于互联网。

如图 8-1 所示的是简单的计算机网络。

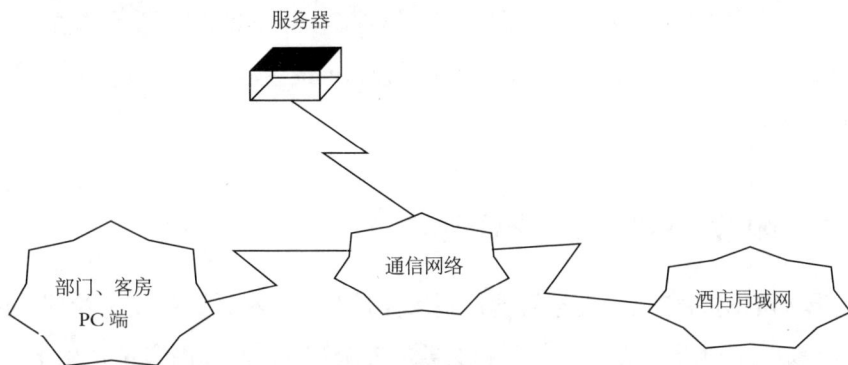

图 8-1 简单的计算机网络

在计算机网络中,若干台具有独立功能的计算机,通过通信设备和线路相互连接起来,再通过通信协议实现数据传输和资源共享。

如图 8-2 所示的是基本的网络互联模型。

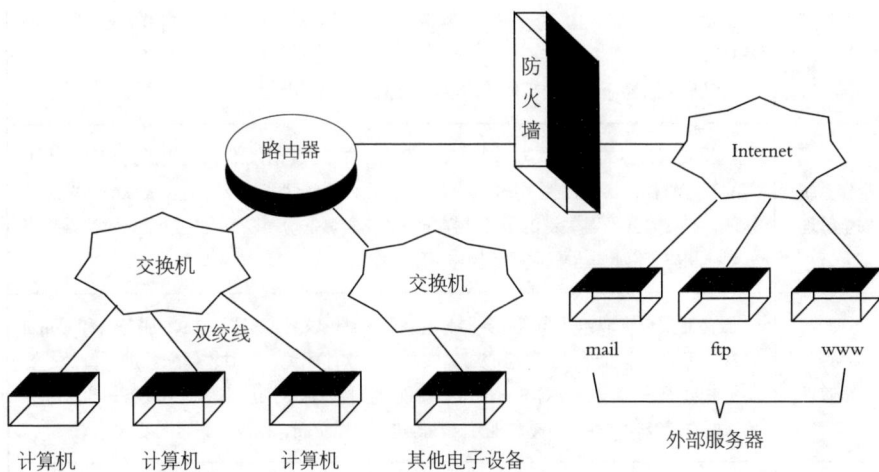

图 8-2 基本的网络互联模型

网络维护是一种日常维护,包括网络设备(计算机、服务器)管理、操作系统维护(系统打补丁、系统升级)、网络安全管理(病毒防范、阻止黑客)等。

在酒店网络正常运行的情况下，对网络基础设施的管理主要包括：确保网络传输的正常，掌握酒店或部门主干设备的配置和配置参数变更情况，备份各个设备的配置文件等。

8.2.2　酒店网络和系统安全管理

酒店的网络和系统安全管理，不仅仅是对网络和系统的安全管理，还要对设施、服务器以及文件等进行必要的安全管理。具体内容见表 8-1。

表 8-1　酒店网络和系统安全管理的内容

管理内容	事　项
设施设备 安全管理	设施设备主要指交换机、路由器和服务器等，安全管理工作包括： ①网络布线配线架的管理，确保配线的合理有序 ②掌握内部网络连接情况，及时发现问题并定位 ③掌握与外部网络的连接配置，监督网络通信情况，发现问题后与有关部门或机构及时联系 ④实时监控整个酒店内部网络的运转和通信流量情况
操作系统 安全管理	这里指服务器的操作系统。具体安全管理工作是：利用操作系统提供的和从网上下载的管理软件，实时监控系统的运转情况，优化系统性能，及时发现故障征兆并进行处理，必要时还要对关键的服务器操作系统建立热备份，以免发生致命故障使网络陷入瘫痪状态，以此来确保服务器操作系统工作正常
服务器 安全管理	服务器安全管理包括代理服务器、游戏服务器、文件服务器、ERP 服务器和 E-mail 服务器等的安全管理。要熟悉服务器的硬件和软件配置，并对软件配置进行备份；要防止 ERP 服务器出错；对 E-mail 服务器进行监控，保证酒店正常通信业务；康乐服务项目要对游戏软硬件、音频和视频文件等进行日常更新，以满足宾客的要求
网络安全 管理	为服务器设置好防火墙，并对系统进行安全漏洞扫描，安装杀毒软件，且保证病毒库是最新的，以此来防止用户因访问各类网站而使计算机或服务器感染到病毒，进而防止病毒引起连锁反应致使整个网络陷入瘫痪而不可用的状态

续上表

管理内容	事　项
文件安全管理	计算机系统中最重要的就是数据，数据一旦丢失，损失将是巨大的。所以，酒店的重要文件资料存储备份管理就是重点。酒店要对重要的计费数据和重要的网络配置文件等进行备份，比如在服务器的存储系统中做镜像，来对数据加以保护
系统集成管理	系统集成管理是网络维护与安全管理中的难点，因为系统集成是包括了多个软件和硬件的通信，任意一款软件或硬件出问题，都会造成网络通信问题。在系统集成模式下，酒店的网络维护管理人员将对网络进行全面检测，将网络安全问题精确定位到某一个软件或硬件上，从而快速找到网络安全隐患并积极采取修复措施

8.2.3　网络漏洞与风险防范

对于网络漏洞，目前还没有一个全面、准确且统一的定义，通常将其理解为在硬件、软件和协议等的具体实现或系统安全策略上存在的缺陷。它可以使攻击者能在未授权的情况下访问或破坏系统。有时也将网络漏洞定义为存在于计算机网络系统中的、可能对系统中的组成和数据等造成损害的一切因素。

网络漏洞会影响软硬件设备，包括系统本身及其支撑软件、网络客户和服务器软件、网络路由器和安全防火墙等。而且在不同的软硬件设备中可能存在不同的安全漏洞问题。

网络漏洞因其产生的原因、存在的位置和利用漏洞攻击的原理等不同，可以分为不同的种类，具体内容见表8-2。

表8-2　不同分类依据下的网络漏洞的类型

分类依据	漏洞类型	简　介
产生原因	故意——恶意漏洞	指人为故意造成的、有恶意性的网络漏洞
	故意——非恶意漏洞	指人为故意造成的、没有恶意的网络漏洞

续上表

分类依据	漏洞类型	简　介
产生原因	无意漏洞	指在人为操作或系统运行过程中无意识产生的漏洞
存在位置	软件——应用软件漏洞	指存在于应用软件上的漏洞
	软件——系统漏洞	指存在于系统中的漏洞
	软件——服务器漏洞	指存在于服务器上的漏洞
	硬件漏洞	指存在于硬件上的漏洞
攻击原理	拒绝服务型漏洞	主要指拒绝服务攻击，是一种针对 TCP/IP 协议漏洞的一种网络攻击手段
	缓冲区溢出漏洞	指在程序试图将数据放到其内存中的某个位置时，因为没有足够的空间而发生缓冲区溢出的现象
	欺骗攻击型漏洞	欺骗攻击主要是利用 TCP/IP 协议自身的缺陷发动攻击，相应的漏洞就称为欺骗攻击型漏洞
	后门攻击型漏洞	"后门"一般是软件作者或硬件开发者在组件的制作过程中留下的，可以绕过相应安全访问机制来修改并改变相应组件行为的程序，通过"后门"对软件或系统进行攻击称为后门攻击型漏洞
	程序错误型漏洞	指在软件运行中因为程序本身有错误而造成的功能不正常、死机、数据丢失或非正常中断等现象

认识了这么多网络漏洞，那么酒店究竟该如何防范漏洞带来的风险呢？要防止或减少网络漏洞的攻击，常用的方法是尽量避免主机端口被扫描和监听，先于攻击者发现网络漏洞，并采取有效措施，具体有如下方面内容：

①酒店的工程人员在安装操作系统和应用软件之后及时安装补丁程序，并实时关注国内外著名的安全站点，及时获取最新的网络漏洞信息；

②及时安装防火墙，建立安全屏障；

③利用系统工具和专用工具防止端口被扫描；

④通过加密、网络分段以及划分虚拟局域网等手法防止网络监听等。

8.3　智能服务与智能安防管理

随着消费者对酒店服务要求的提升，酒店经营对智能化的需求日益增强，因为智能化在一定程度上可以节省劳动力，并且智能化服务还可以提高酒店经营管理的安全性，如智能安防管理。

8.3.1　启用自助入住机节省人工

酒店自助入住机是一种无人值守、操作简单且查询方便快捷的人机交互设备。酒店宾客可通过自助入住机自助开房、退房和结账离店，达到提高酒店办事效率、节约时间以及提高服务质量的目的。

酒店自助入住机具有服务完整性、可视性、系统化和可维护性，是酒店自动化处理业务的有效保证。主要功能见表 8-3。

表 8-3　酒店自助入住机具备的功能

功　能	说　明
开关机	可定时自动开关机
广告播放	网络版总部统一后台管理
发卡	酒店房卡的发放
读卡	银联卡、酒店专用卡的读取

续上表

功　能	说　明
取卡	身份证、二维码、验证码、手机号和会员卡进行办理入住
指纹识别	发放房卡的凭证，采集宾客的指纹
充值	采用银联卡支付和现金支付方式，进行酒店专用卡的充值
录像	宾客人脸识别的采集与核对
打印	打印交易凭证
微信支付	扫一下二维码，生成手机验证码进行确认支付
声控支付	支付宝支付通过声音的读取进行确认支付交易
断电交易	后备支持断电后正常办理入住登记、领卡、退房等业务

由此可见，酒店启用合适的自助入住机能够节省很多人力，提高为宾客提供服务的效率。

8.3.2　选择并组建智能安防系统

智能安防系统是实施安全防范控制的重要技术手段，指在不需要人为干预的情况下，系统能自动实现对监控画面中的异常情况进行检测和识别，在有异常时能及时做出预 / 报警。

智能安防系统可简单理解为图像的传输和存储、数据的存储和处理准确而选择性操作的技术系统。一个完整的智能安防系统主要包括门禁、报警和监控三大部分，其与传统安防的最大区别在于智能化，能通过机器实现智能判断，从而尽可能实现人想做的事情。

智能安防系统主要由：门禁系统、人脸识别系统、视频监控系统、入侵警报系统、停车场管理系统、无线对讲系统、巡更和广播（主要针对消防系统）组成。

酒店在选购智能安防系统时，有如下一些原则需要了解。

◆ 根据保障国家与人民利益（生命和财产）的最高安全原则选购

酒店选购智能安防系统时不能只着眼于自身的利益而盲目选择低价购买，应以国家与人民利益的最高安全原则为出发点，选购经过真正专家评估鉴定过的第三个标准等级范围以上的智能安防系统，即要能真正识别人与物有异常时能及时预/报警的产品。

◆ 根据监控场所智能要求的按需分配原则选购

酒店选购智能安防系统时，不能一味地讲求新技术、智能化，而要根据监控场所智能要求的按需分配原则来选购合适的产品。比如，需要在室内条件下使用，且监控场所只需要一种智能化功能的，就无需选购两种及以上智能化功能的智能安防系统。

而智能安防系统的组建，通常由供应商（即销售方）指派专门的技术人员负责。组建完成后，酒店的安保部门工作人员按照使用手册中的条款进行使用，酒店工程部门工作人员按照使用手册中的条款进行日常维护和故障维修。当发生酒店自身无法解决的故障时，一般需要联系供应商安排专业人员进行维修。

8.3.3 智能安防系统的维护

智能安防系统的维护主要是指一些维护保养工作，如清洁、检查、紧固、调整和更换损耗作业，以及强弱电气作业和线路改、扩、断线抢修等作业。

针对酒店智能安防系统的维护管理，很多酒店会专门制订相应的工作计划或办法，说明智能安防系统维护工作的内容以及具体的实施细则。但有些智能安防系统专业性较强，供应商会主动为酒店提供维护服务，同时制订维护计划，如下所示为某供应商制订的智能安防系统维护保养计划。

实用范本 智能安防系统维护保养计划

我公司（以下简称乙方）为 ×× 酒店（以下简称甲方）的监控系统硬件设备提供预防性维保、维护服务，维护周期以具体合同范畴为准。

目的：设备在使用过程中，随着运行工时的增加，各部机构和零件由于受到摩擦、腐蚀、磨损、振动、冲击、碰撞及事故等诸多因素的影响，技术性能逐渐变坏。为了保持各监控摄像头、总控设备和基础设施的良好状态，以保证使用效能，确保小区安保的要求制订以下维护保养计划。

一、系统技术的内容，范围，形式和要求

1. 服务方式及形式：由甲方电话通知乙方指派专人来维护和故障排除。

2. 采用每月巡访一次，运行检测各个系统；时间为每月 15 ~ 18 日。

3. 每季度安排系统培训一次，每次时间不少于 1 小时。

4. 每季度向甲方上报本季度每月的维护计划。

5. 每个月向甲方上报常用备品备件的价格。

二、履行计划和方式

（一）保养作业内容

按照保养作业性质可分为：清洁、检查、紧固、调整和更换损耗作业。检验作业由乙方单位指定的专职检验人员负责执行。

1. 清洁、检查、更换、紧固和调整作业由乙方公司设备操作人员执行。

2. 强、弱电气作业由专业人员执行或由乙方公司设备维修人员执行。

3. 涉及线路改、扩、断线抢修的作业由甲乙双方共同协商方案执行。

（二）监控系统维护保养计划

1. 全面收集系统资料，了解系统设备安装位置，建立系统维护档案（包括电子文档和操作光盘并做好备份）。

2. 根据甲方要求调整系统设备的功能设置及前端摄像机安装位置或角度；对前端报警器的灵敏度进行检查，确保报警器工作正常，不误报，不漏报；测量监控探头的输出信号和报警信号，降低外界对系统的干扰，做好线路屏蔽。

3. 每月巡访一次，对系统设备的运行情况及功能进行检查（如监控主机的图像录回放情况、矩阵的控制及切换情况、球机的控制情况）。发现问题及时进行处理，并分析故障原因，及时通知甲方，经甲方确认后进行更换。

4. 每月必须和甲方及时沟通更换配件的情况，对更换下来的废旧配件进行归档存放，并且对常备配件设置库存红线，做到及时补充。

5. 每月巡访一次，对机房内系统设备灰尘进行清理，对监控主机还要检查风扇及硬盘散热。

6. 每月巡访一次，分批对摄像机防护罩清洗一次，确保图像清晰，不受防护罩上的灰尘影响图像的清晰程度。

7. 每次季度巡访时，对系统线路进行整理，并重新校对线头，连接设备，做好防氧化和虚焊。

8. 每次巡访时，做好维护记录，并交甲方主管以上人员签字确认。

酒店也可参照上述范本制订的智能安防系统维护保养计划，自行制定智能安防系统的日常维护办法，尽量通过酒店内部的工程人员解决安防系统出现的各种问题，避免外聘维修师耽搁时间而影响酒店服务的正常提供。

工作梳理与指导

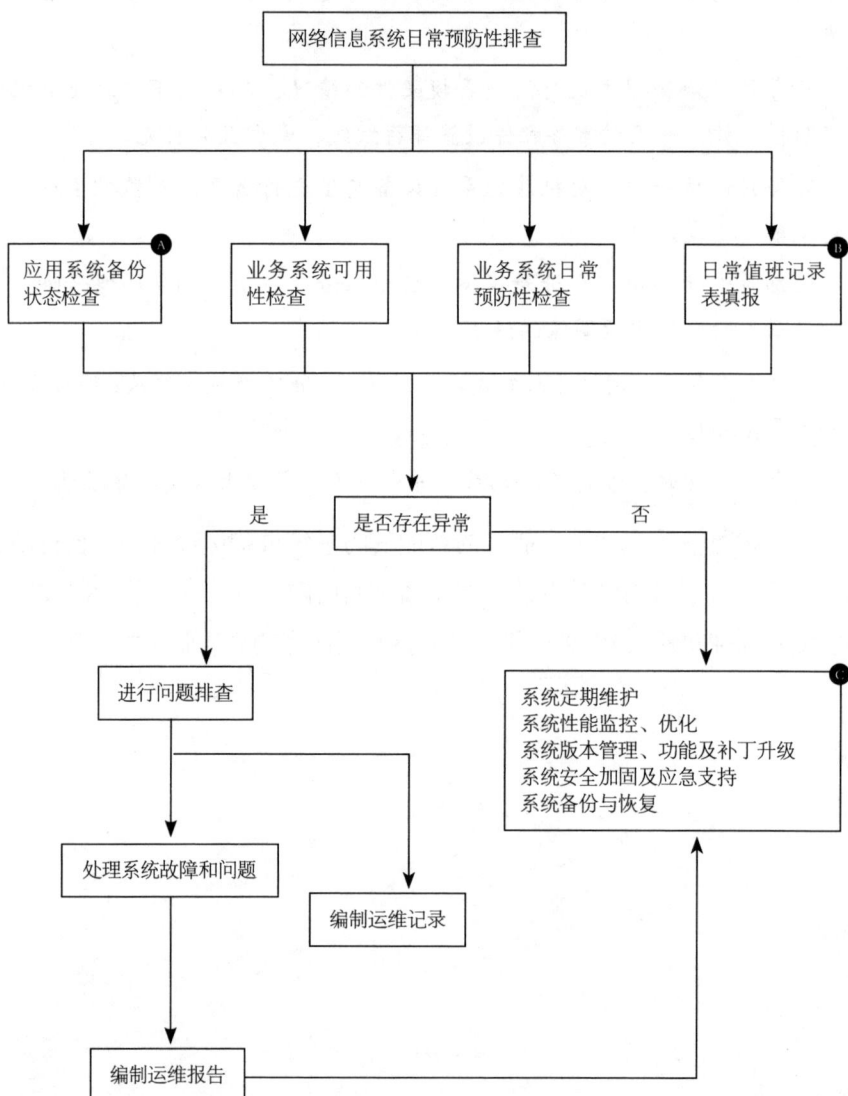

```
                    ┌─────────────────────────────┐
                    │   网络信息系统日常预防性排查   │
                    └─────────────────────────────┘
```

```
┌──────────────┐  ┌──────────────┐  ┌──────────────┐  ┌──────────────┐
│ 应用系统备份   │A│ 业务系统可用   │  │ 业务系统日常   │  │ 日常值班记录   │B│
│ 状态检查      │  │ 性检查        │  │ 预防性检查    │  │ 表填报        │
└──────────────┘  └──────────────┘  └──────────────┘  └──────────────┘
```

```
是              ┌──────────────┐              否
                │ 是否存在异常   │
                └──────────────┘
```

```
┌──────────────┐                  ┌─────────────────────────────┐
│ 进行问题排查   │                  │ 系统定期维护                  │C│
└──────────────┘                  │ 系统性能监控、优化             │
                                  │ 系统版本管理、功能及补丁升级     │
                                  │ 系统安全加固及应急支持          │
┌──────────────┐  ┌────────────┐  │ 系统备份与恢复               │
│ 处理系统故障和问题 │  │ 编制运维记录 │  └─────────────────────────────┘
└──────────────┘  └────────────┘
```

```
┌──────────────┐
│ 编制运维报告   │
└──────────────┘
```

按图索骥

Ⓐ 无论是酒店的网络系统，还是其他企业的网络系统，在日常运行过程中难免会遇到突然断电或网络出故障的情况，因此网络系统大多数都会进行备份处理。为了保证酒店网络系统中的数据能更全面地备份，就需要在日常网络管理工作中进行必要的应用系统备份状态的检查，发现备份状态异常时就可以及时处理，防止系统数据备份不全。

Ⓑ 填报日常值班记录表，可以对酒店网络系统的日常运行情况做详细的记录，对日后进行网络安全管理以及网络维护有很大的参考作用。

Ⓒ 在酒店的网络安全管理工作中，即使检查到各系统的运行正常，也不能就此了事，还是应该要做好各系统的定期维护工作，并实时监控网络系统的运行情况，必要时对酒店网络进行优化，以提高宾客的用网体验。除此以外，即使网络系统运行正常，也需要对其进行安全加固和应急支持，以防止网络出现故障或问题时导致整个酒店网络瘫痪。

答疑解惑

问：酒店网络或电脑遭病毒入侵该怎么办？

答：①不要重启电脑，否则可能造成更大的损失；②立即切断网络，由于病毒发作后不仅会破坏硬盘上的数据，还可能向外发送个人信息和病毒等，使危害扩散，因此，网络工程人员发现中病毒后，先切断网络，如拔下网线，或者在防火墙中直接断开网络；如果没有防火墙，可以进入计算机网络禁用"本地连接"；如果是拨号用户，可以断开拨号连接或关闭Modem 设备；③全面杀毒，在确保数据安全性的前提下，对电脑或网络进行病毒查杀。④检查其他电脑是否被病毒感染，因为很多病毒发作后会向网络中其他电脑发起攻击，某一台电脑中了病毒，很可能会传染给网络中的其他电脑，如果不及时检查清理，很可能会遭到反向传染。

问：酒店话务系统瘫痪时怎么处理？

答：①检查电线线路和网络线路，话务系统出问题时线路出问题的概率较大；②如果只是话务系统中的一部分区域出问题，则需要工程人员逐一排查；③在排查话务系统瘫痪原因的同时，酒店要启动应急管理方案，保证通信畅通，防止错过客人的电话咨询，引起客人投诉；④话务系统恢复正常工作后，应及时了解可能已经错过的电话，看是否引起客人的不满，并主动致歉，给客人造成的不便甚至损失，酒店要按照相关制度或办法予以处理，如赔偿或给予相应优惠等，以得到客人的谅解。

实用模板

安防系统维护维修情况记录表   网络中心设备维护记录表

计算机及网络设备故障报修登记表   信息网络运行维护记录

酒店网络安全管理制度   智能对讲系统维修保养方案

网络故障记录表   智能化系统巡检记录表